Norbert Seeger / Rita Seeger

Rechen-Mandalas

Übungsaufgaben im Zahlenraum von 1–20

Kopiervorlagen für das 1. Schuljahr

Illustriert von Dirk Hartmann

Auer Verlag GmbH

Die Autoren:

Rita Seeger
- Diplom-Pädagogin, Grundschullehrerin, Rektorin als Ausbildungsleiterin
- Hauptberuflich seit 25 Jahren in der Lehrerausbildung tätig
- Fortbildungen in Gestaltpädagogik (FPI), Klientenzentrierter Gesprächsführung (GWG), in Körperorientierter Gestaltarbeit und in Kooperativer Beratung
- Autorin mehrerer Werke im Auer Verlag, Donauwörth

Norbert Seeger
- Diplom-Pädagoge, Sonderschullehrer, Rektor einer Privaten Schule für Kranke an einer Rehabilitationsklinik für Kinder und Jugendliche
- Hauptberufliche Tätigkeiten in Jugendarbeit und Erwachsenenbildung
- Fortbildungen in Gestalttherapie, Integrativer Gestalt-Körpertherapie und in Kooperativer Beratung
- Autor des Praxisbuches *Selbsterfahrung mit Kindern und Jugendlichen,* München 2002, 4. Auflage, der MC *Lass uns fühlen, wer wir sind,* München 1996 und mehrerer Werke im Auer Verlag, Donauwörth

Gedruckt auf umweltbewusst gefertigtem, chlorfrei gebleichtem
und alterungsbeständigem Papier.

1. Auflage. 2005

Satz: Fotosatz H. Buck, Kumhausen
Druck und Bindung: Ludwig Auer GmbH, Donauwörth
ISBN 3-403-0**4348**-7

Vorwort

Liebe Lehrerin, lieber Lehrer, liebe Eltern!

Das Ihnen vorliegende Mandala-Heft richtet sich an Schülerinnen und Schüler des 1. Schuljahres. Die Kombination kindgemäßer Mandala-Formen mit den integrierten Rechenaufgaben innerhalb der Mandala-Motive wurde als Rechen-Mandala-Heft für das 2. Schuljahr im Jahr 2002 und für das 3. Schuljahr im Jahr 2003 veröffentlicht. Beide Hefte erfuhren bei vielen Lehrerinnen und Lehrern eine hohe Akzeptanz, vor allem jedoch bei den Schülerinnen und Schülern.
Hier nun liegt Ihnen ein weiteres Rechenübungsheft vor, das die Konzeption der Vorgängerhefte übernommen hat.
Das Besondere an diesem Heft ist:

- Die Mandala-Motive erzählen die Geschichte eines kleinen Hundes, der sich zu einer Weltreise aufmacht und den verschiedensten Tieren ferner Länder begegnet.
- Die Tierfiguren sind in einen Hintergrund eingebettet. Erst bei richtigem Rechnen aller Aufgaben wird die genaue Form des jeweiligen Tieres sichtbar.
- Kurze Zwiegespräche zwischen dem kleinen Hund und den anderen Tieren geben informative Erläuterungen.

Nun zu den **drei Zielbereichen** des vorliegenden Mandala-Rechen-Heftes:

1. Steigerung der Konzentrationsfähigkeit durch Zentrierung

Die Steigerung der Konzentrationsfähigkeit geschieht im Wesentlichen durch die Konzeption der Mandala-Motive als echte Kreismandalas, innerhalb derer sich die Schülerinnen und Schüler beim Anmalen der Lösungsfelder in konzentrischen Kreisen von außen nach innen zum Mittelpunkt hinbewegen.
Diese Spiralform stellt den Hauptunterschied zu vielen sonst angebotenen Mandalas dar. Sie ermöglicht beim Anschauen, Rechnen und Anmalen eine Tiefenwirkung und dadurch Zugang zur eigenen inneren Mitte.
Die Bearbeitung von Mandalas kann folgende Wirkungen haben:
Das Erreichen der Konzentrationspotenziale ist meist psychisch und körperlich spürbar. Sauerstoffverbrauch, Atemfrequenz und Blutdruck sinken; Ruhe und ein emotionales Wohlbefinden können sich einstellen. Es finden auf der körperlichen und emotionalen Erlebnisebene ähnliche Prozesse statt wie beim kindgemäßen Autogenen Training, das interessierte Lehrerinnen und Lehrer ebenfalls anwenden können (vgl. Manteufel/Seeger: Selbsterfahrung mit Kindern und Jugendlichen, München 2002, 4. Aufl.).
Mandala-Formen sind in allen Kulturen vorhanden und jahrtausendealt. Der Kreis ist die elementarste Urform, die es gibt. Er entfaltet eine integrierende Wirkung. Mandalas wurden zu meditativen und heilenden Zwecken eingesetzt. Auch Rechen-Mandalas entfalten – besonders dann, wenn sie von außen nach innen bearbeitet werden – ihre stabilisierende Wirkung. Der Einsatz der Rechen-Mandalas leistet damit einen Beitrag zur ganzheitlichen Persönlichkeitsentwicklung des Kindes.

2. Steigerung der feinmotorischen Fähigkeiten

Die Mandala-Motive haben eine Durchschnittsgröße, die in einem altersgerechten Zeitumfang bearbeitet werden können.
Die Malrichtung ist bei allen Mandala-Motiven von außen nach innen verlaufend. Zum Teil wird die Malrichtung gegen den Uhrzeigersinn gewählt, um besondere kinesiologische und feinmotorische Übungsergebnisse zu erzielen. Wenn diese Übungseffekte voll ausgeschöpft werden sollen, darf das Blatt während des Ausmalens nicht bewegt werden. Man kann es z. B. mit Tesafilm an den Ecken auf der Unterlage fixieren.

3. Steigerung der Rechenkompetenz

Durch die Bearbeitung der Rechen-Mandalas wird die Rechenkompetenz der Schülerinnen und Schüler des 1. Schuljahres erhöht. Dies geschieht in besonderem Maße durch die hohe Anzahl der Übungsaufgaben mit unterschiedlichen Aufgabentypen und der zentrierenden Arbeitsweise, die das jeweilige Mandala herbeiführt.
Die Rechenaufgaben der jeweiligen Mandalas wurden so konzipiert, dass sie während der Erarbeitung des Zahlenraumes von 1 bis 20 immer wieder unter dem Übungsaspekt für alle Schülerinnen und Schüler eingesetzt werden können. Ebenso dienen sie der qualitativen und quantitativen Vertiefung für spezielle Leistungsgruppen innerhalb der Klasse. Für offene Unterrichtsformen, wie z. B. die Stationenarbeit, sind die Mandalas hervorragend geeignet.
Die Überschriften der einzelnen Seiten informieren die Lehrkräfte über den zu übenden Rechenaspekt.

Hinweise zur Anwendung

Zuerst wird das Feld mit dem Pfeil gesucht. Die Rechenaufgabe in diesem ersten Feld wird ausgerechnet und die Lösung eingetragen. Dann wird das nächste Feld ausgerechnet, und so wandert man bis in die Mitte des Mandalas. Erst dann sollte man, wieder im Feld mit dem Pfeil beginnend, mit dem Ausmalen beginnen.
Am unteren Ende der jeweiligen Seite befinden sich die Farbangaben, die jeweils für mehrere Lösungszahlen gelten. Gut geeignet sind Buntstifte, Pastellfarbstifte oder auch Filzstifte.
Zur Rechenkontrolle ist auf der folgenden Seite das Mandala-Motiv erneut zu finden; jetzt mit den Lösungszahlen in den entsprechenden Feldern.

Wir wünschen Ihnen beim Einsatz des Rechen-Mandala-Heftes viel Freude und den Kindern viel Spaß und einen guten Erfolg!

Rita Seeger
Norbert Seeger

Minusaufgaben im Zahlenraum 1–10

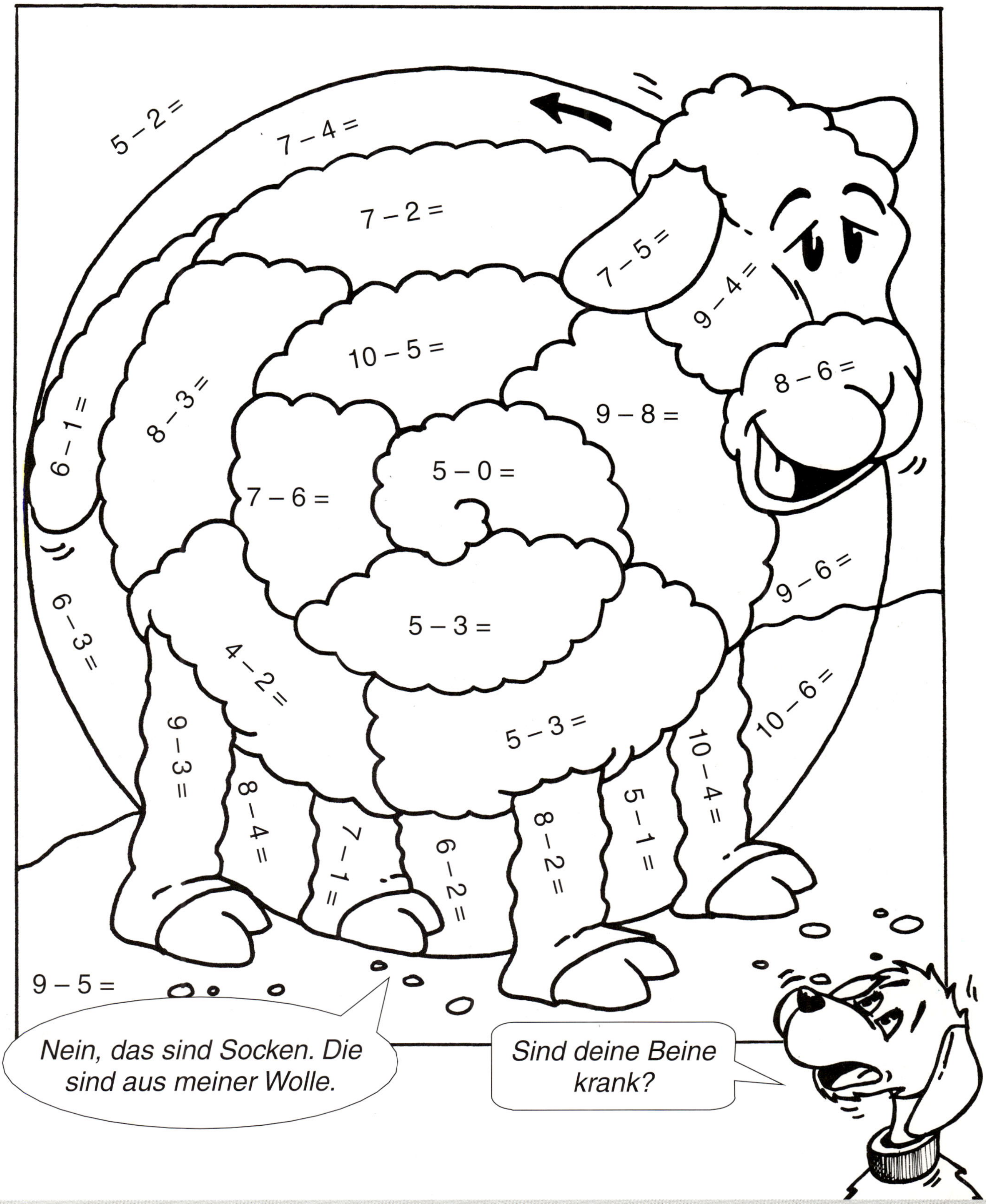

Rechne erst alle Aufgaben und suche dann die Farben! Beginne beim Pfeil!

Lösungszahlen und Farben:		
	hellbraun: 1	**grün:** 4
	dunkelbraun: 2	**weiß:** 5
	blau: 3	**rot:** 6

Minusaufgaben im Zahlenraum 1–10 (Lösung)

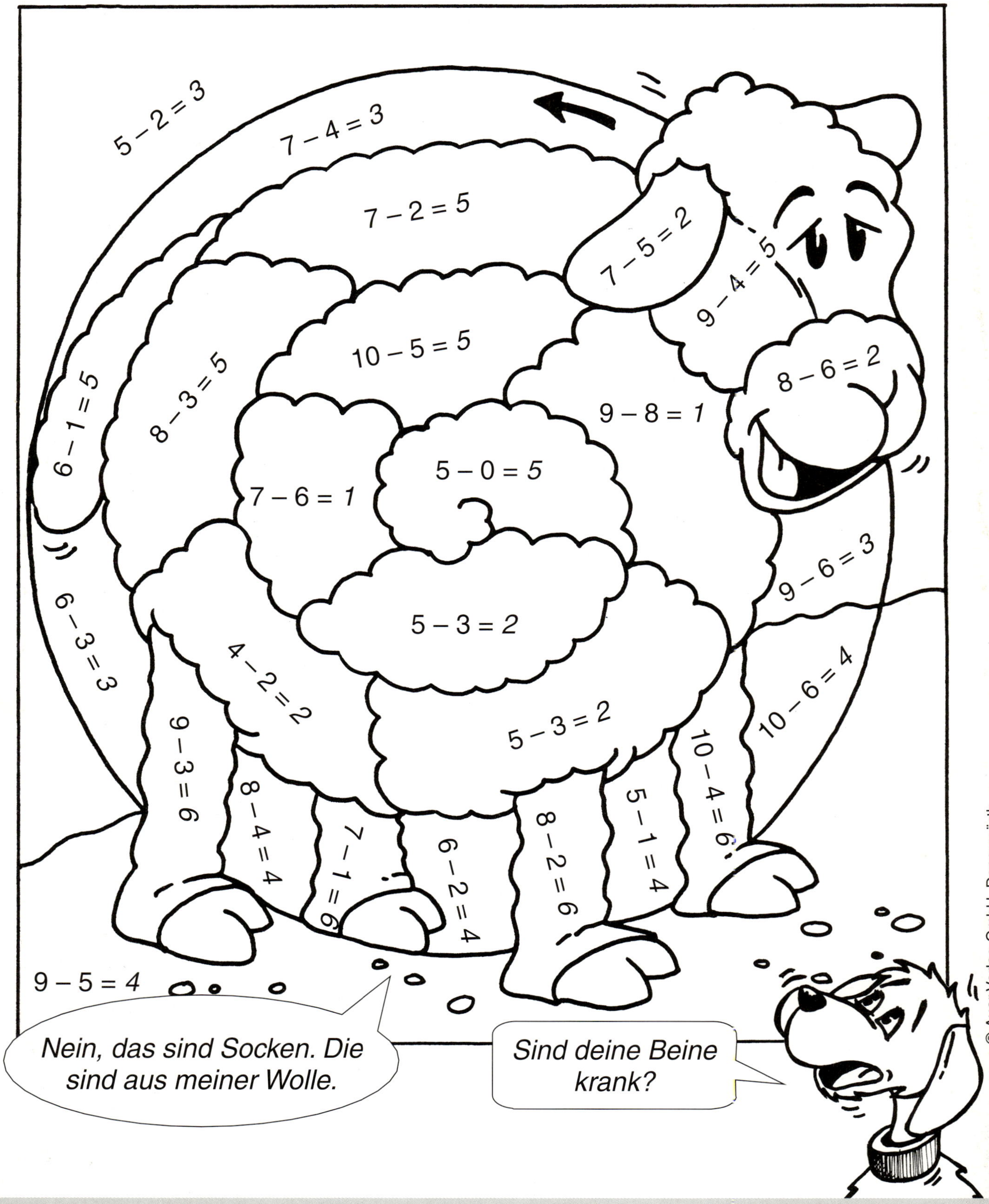

Rechne erst alle Aufgaben und suche dann die Farben! Beginne beim Pfeil!

Lösungszahlen und Farben:

hellbraun: 1	**grün:** 4
dunkelbraun: 2	**weiß:** 5
blau: 3	**rot:** 6

Plus- und Minusaufgaben im Zahlenraum 1–10

Rechne erst alle Aufgaben und suche dann die Farben! Beginne beim Pfeil!

Lösungszahlen und Farben:	**weiß:** 1	**braun:** 7
	grün: 2	**blau:** 9
	orange: 3	

Plus- und Minusaufgaben im Zahlenraum 1–10 (Lösung)

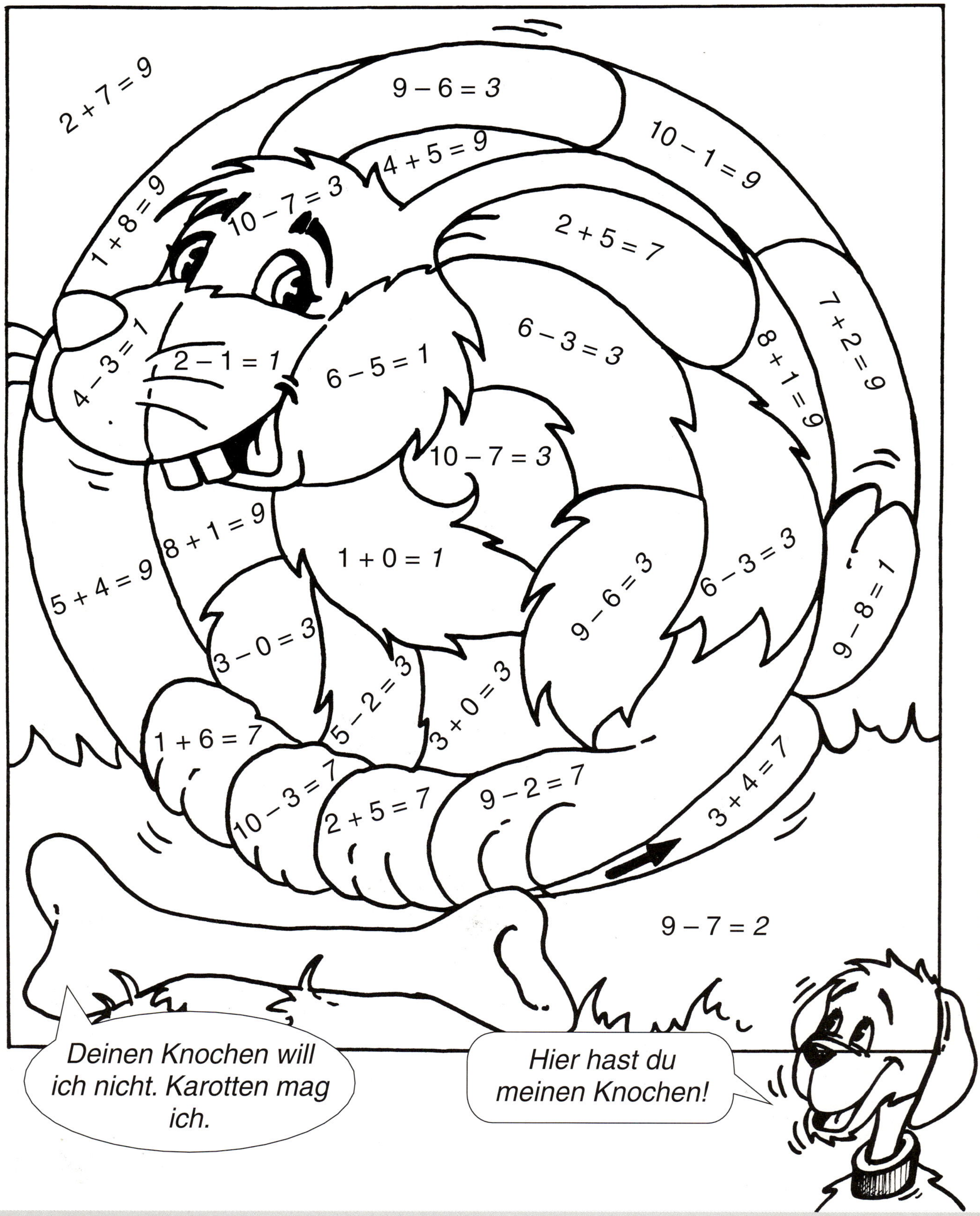

Rechne erst alle Aufgaben und suche dann die Farben! Beginne beim Pfeil!

Lösungszahlen und Farben:

weiß: 1

grün: 2

orange: 3

braun: 7

blau: 9

Plus- und Minusaufgaben mit Platzhaltern im Zahlenraum 1–10

Rechne erst alle Aufgaben und suche dann die Farben! Beginne beim Pfeil!

Lösungszahlen und Farben:

hellblau: 2

orange: 4

grau: 5

weiß: 6

dunkelblau: 7

Plus- und Minusaufgaben mit Platzhaltern im Zahlenraum 1–10 (Lösung)

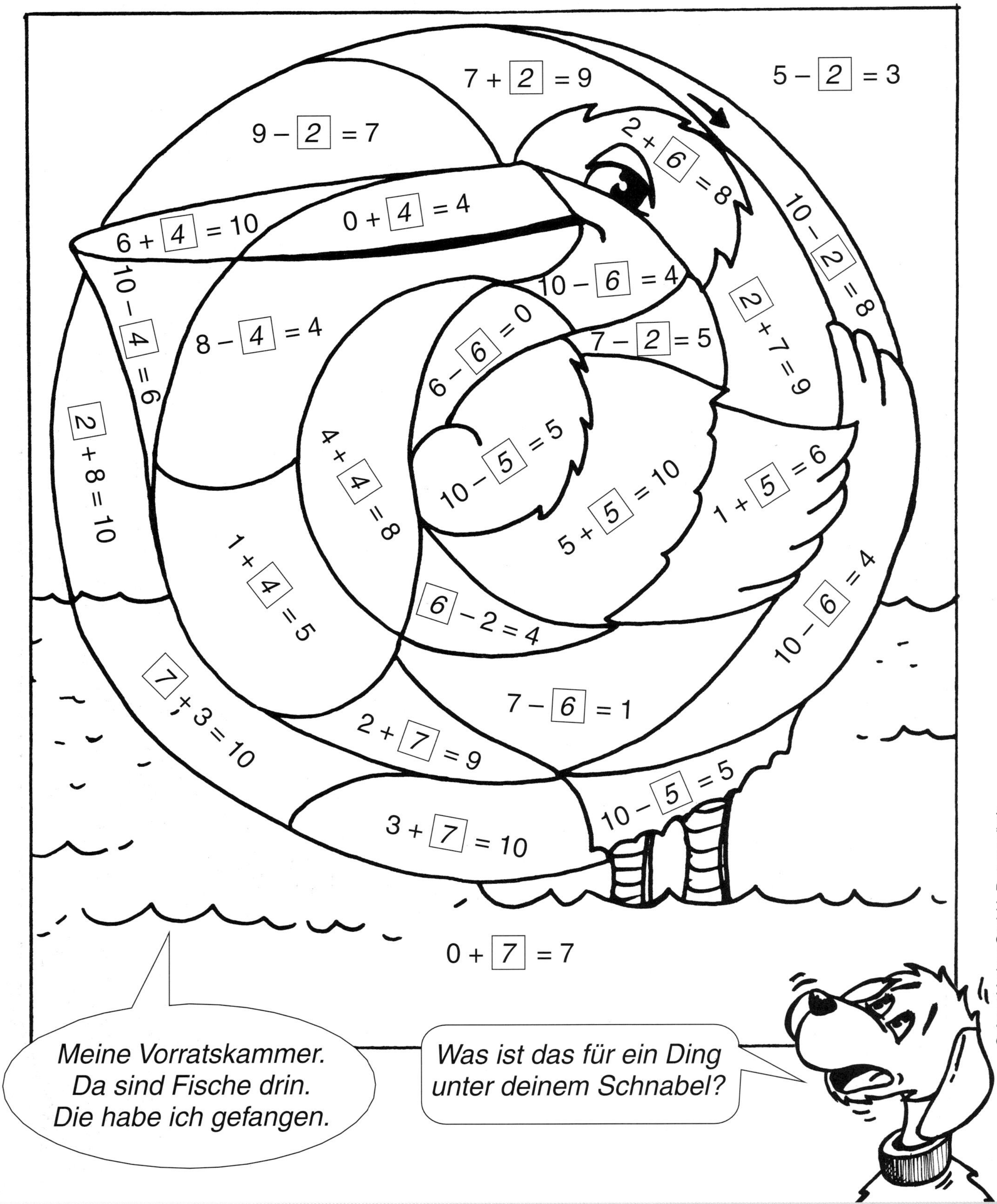

Rechne erst alle Aufgaben und suche dann die Farben! Beginne beim Pfeil!

Lösungszahlen und Farben:

hellblau: 2

weiß: 6

orange: 4

dunkelblau: 7

grau: 5

Plus- und Minusaufgaben und Aufgaben mit Platzhalter im Zahlenraum 1–10

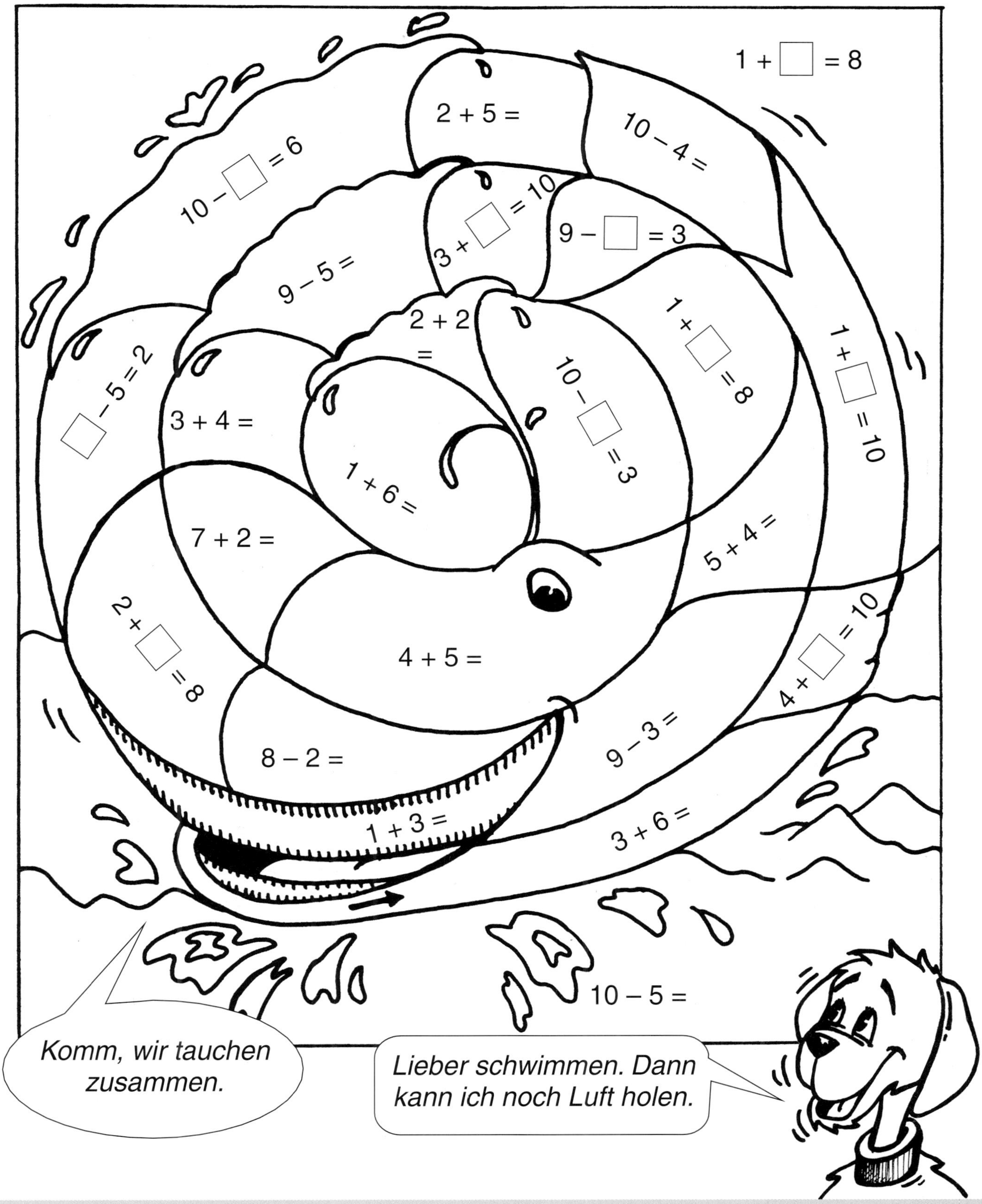

Rechne erst alle Aufgaben und suche dann die Farben! Beginne beim Pfeil!

Lösungszahlen und Farben:

weiß: 4	**hellblau:** 7
dunkelblau: 5	**schwarz:** 9
grau: 6	

Plus- und Minusaufgaben und Aufgaben mit Platzhalter im Zahlenraum 1–10 (Lösung)

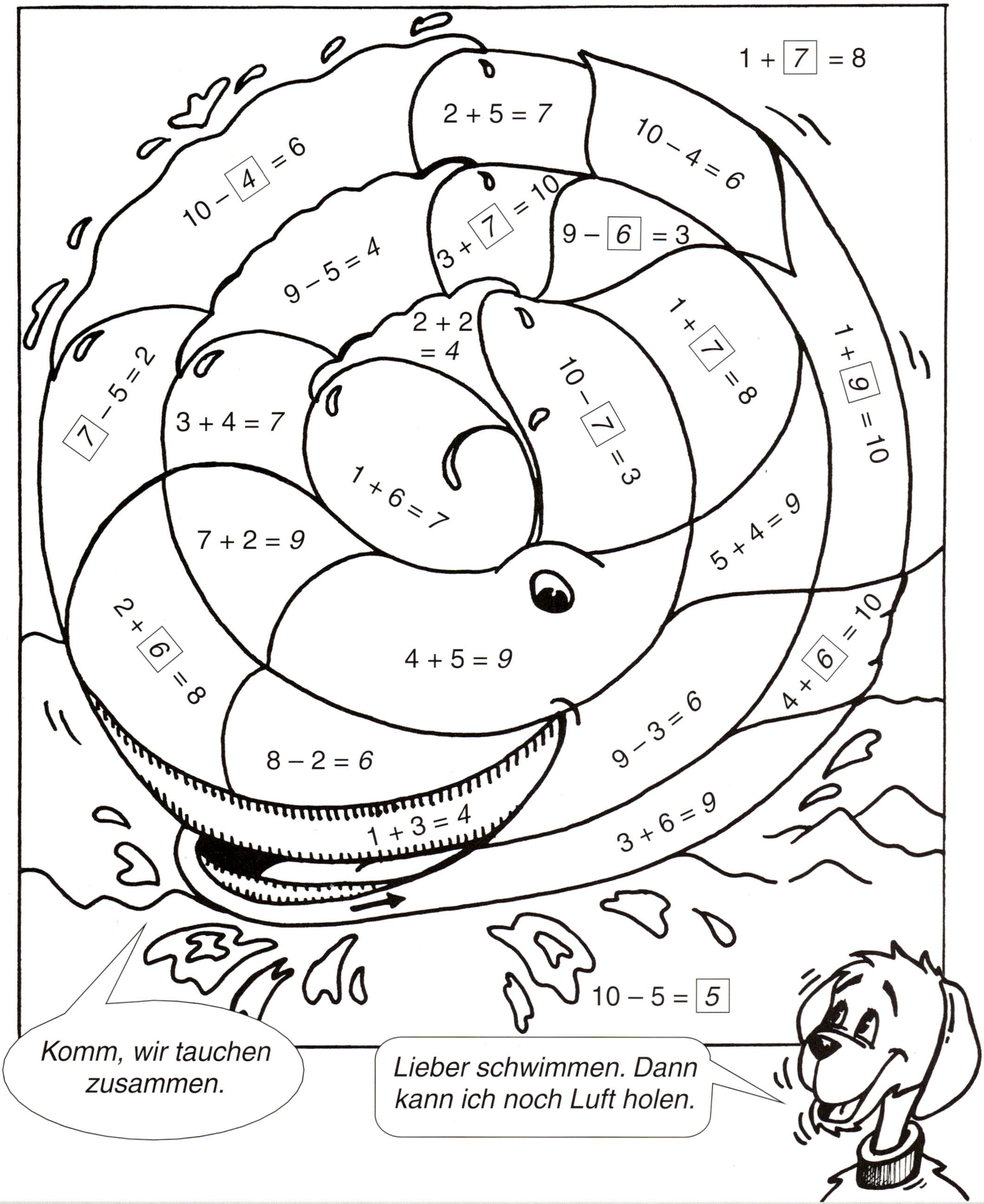

Rechne erst alle Aufgaben und suche dann die Farben! Beginne beim Pfeil!

Lösungszahlen und Farben:

weiß: 4

hellblau: 7

dunkelblau: 5

schwarz: 9

grau: 6

Zehnerüberschreitung in zwei Schritten

Rechne erst alle Aufgaben und suche dann die Farben! Beginne beim Pfeil!

Lösungszahlen und Farben:

dunkelblau: 11
hellblau: 14
weiß: 12
schwarz: 15
grau: 13
hellbraun: 16

Zehnerüberschreitung in zwei Schritten (Lösung)

Rechne erst alle Aufgaben und suche dann die Farben! Beginne beim Pfeil!

Lösungszahlen und Farben:

dunkelblau: 11	**hellblau:** 14
weiß: 12	**schwarz:** 15
grau: 13	**hellbraun:** 16

Zehnerüberschreitung in einem Schritt

Rechne erst alle Aufgaben und suche dann die Farben! Beginne beim Pfeil!

Lösungszahlen und Farben:

dunkelblau: 11

gelb: 12

hellblau: 13

weiß: 14

lila: 15

Zehnerüberschreitung in einem Schritt (Lösung)

Rechne erst alle Aufgaben und suche dann die Farben! Beginne beim Pfeil!

Lösungszahlen und Farben:

dunkelblau: 11

gelb: 12

hellblau: 13

weiß: 14

lila: 15

Zehnerunterschreitung in zwei Schritten

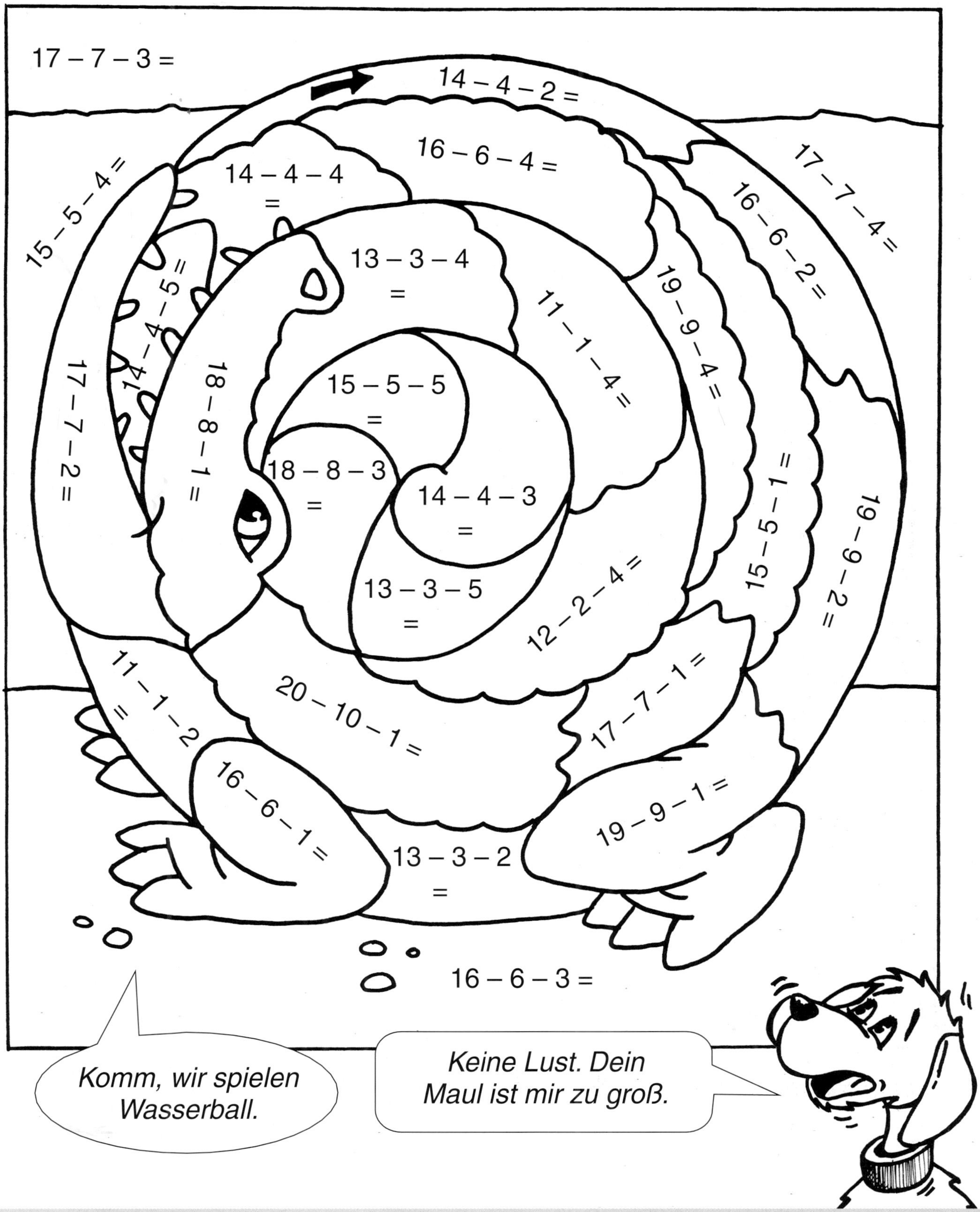

Rechne erst alle Aufgaben und suche dann die Farben! Beginne beim Pfeil!

Lösungszahlen und Farben:

rot: 5

blau: 6

gelb: 7

hellgrün: 8

dunkelgrün: 9

Zehnerunterschreitung in zwei Schritten (Lösung)

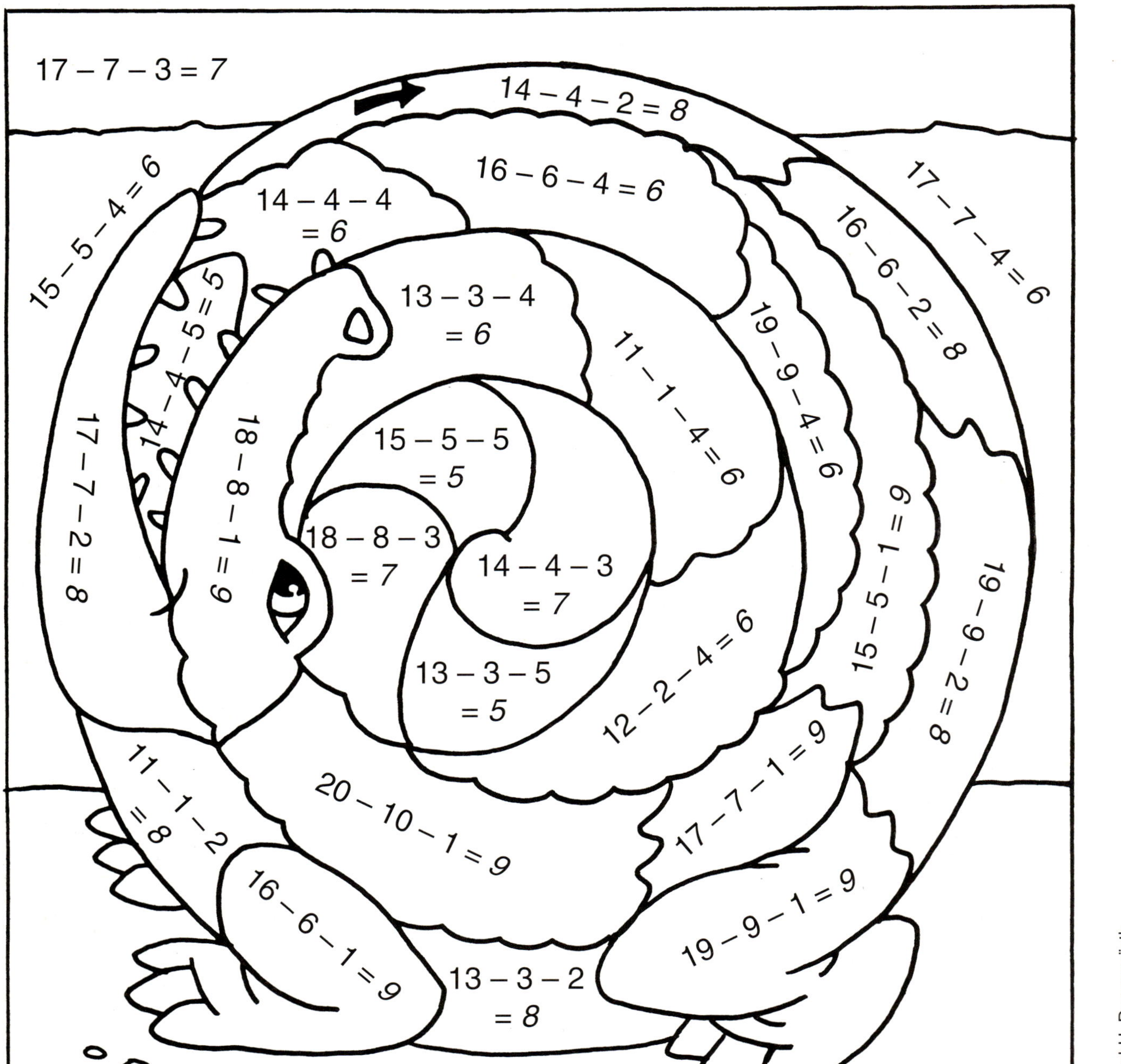

Rechne erst alle Aufgaben und suche dann die Farben! Beginne beim Pfeil!

Lösungszahlen und Farben:

rot: 5

blau: 6

gelb: 7

hellgrün: 8

dunkelgrün: 9

Zehnerunterschreitung in einem Schritt

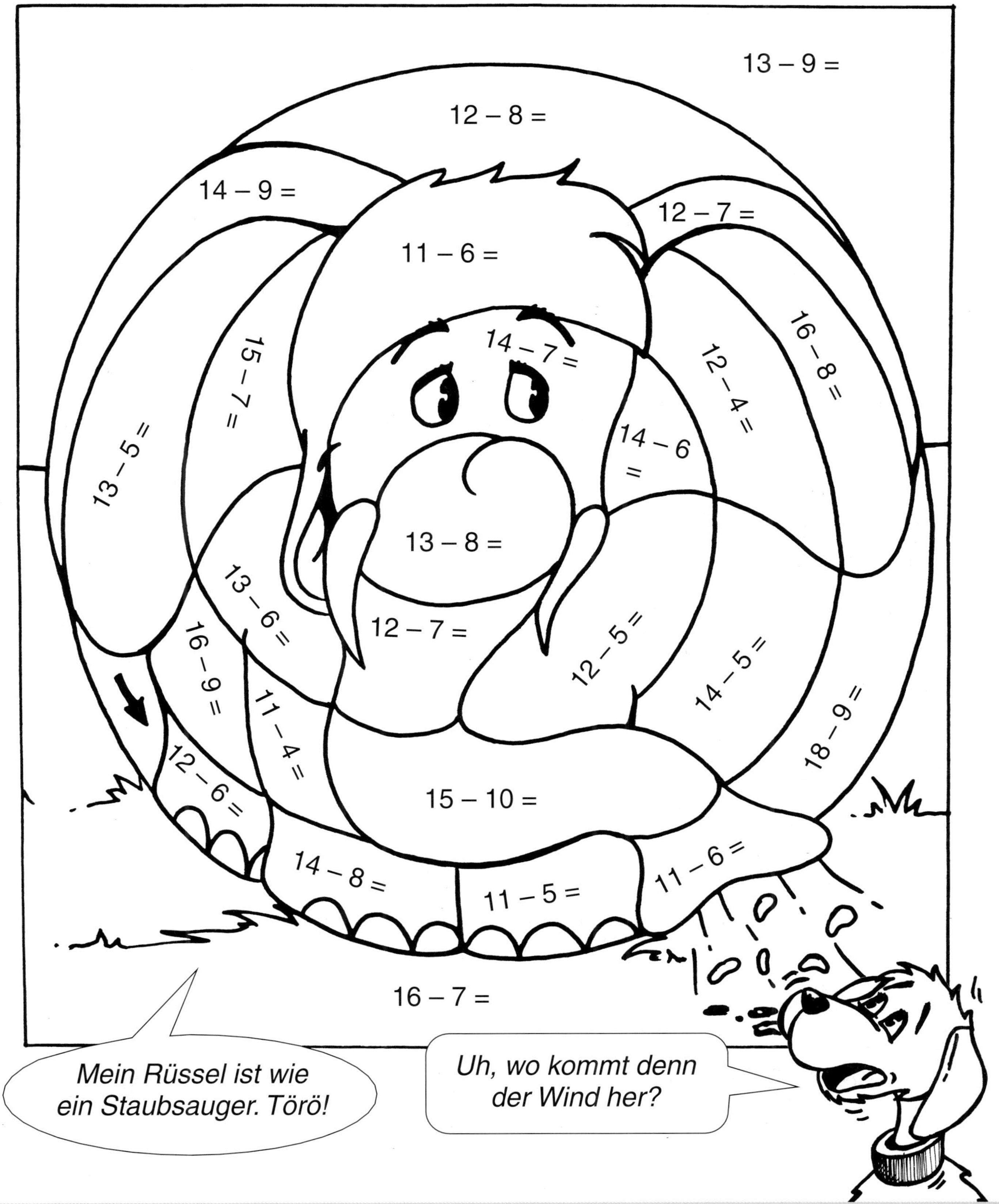

Rechne erst alle Aufgaben und suche dann die Farben! Beginne beim Pfeil!

Lösungszahlen und Farben:

gelb: 4

hellblau: 5

lila: 6

dunkelblau: 7

rot: 8

orange: 9

Zehnerunterschreitung in einem Schritt (Lösung)

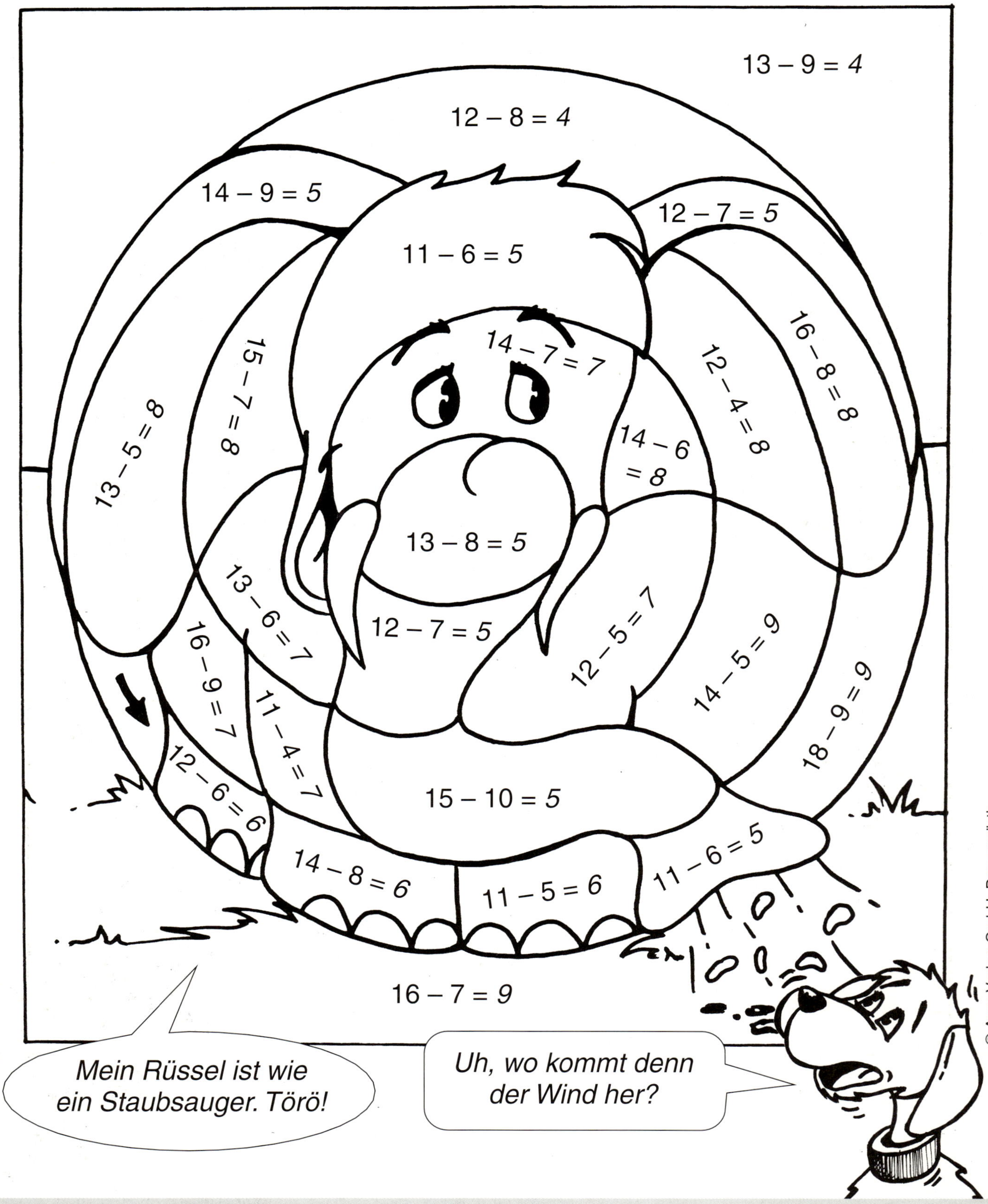

Rechne erst alle Aufgaben und suche dann die Farben! Beginne beim Pfeil!

Lösungszahlen und Farben:

gelb: 4

hellblau: 5

lila: 6

dunkelblau: 7

rot: 8

orange: 9

Plusaufgaben im Zahlenraum 10–20

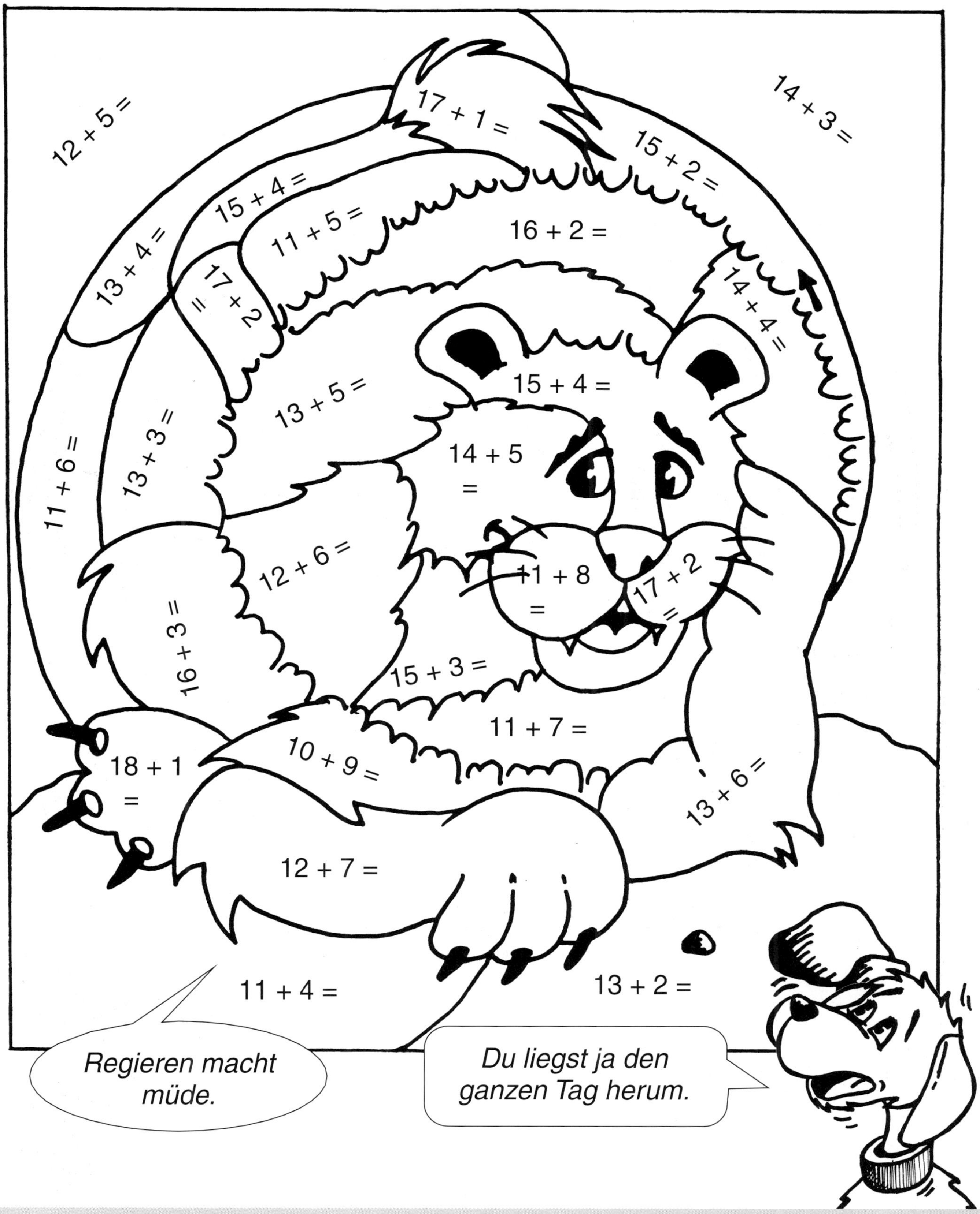

Rechne erst alle Aufgaben und suche dann die Farben! Beginne beim Pfeil!

Lösungszahlen und Farben:

grau: 15

gelb: 16

rot: 17

dunkelbraun: 18

hellbraun: 19

Plusaufgaben im Zahlenraum 10–20 (Lösung)

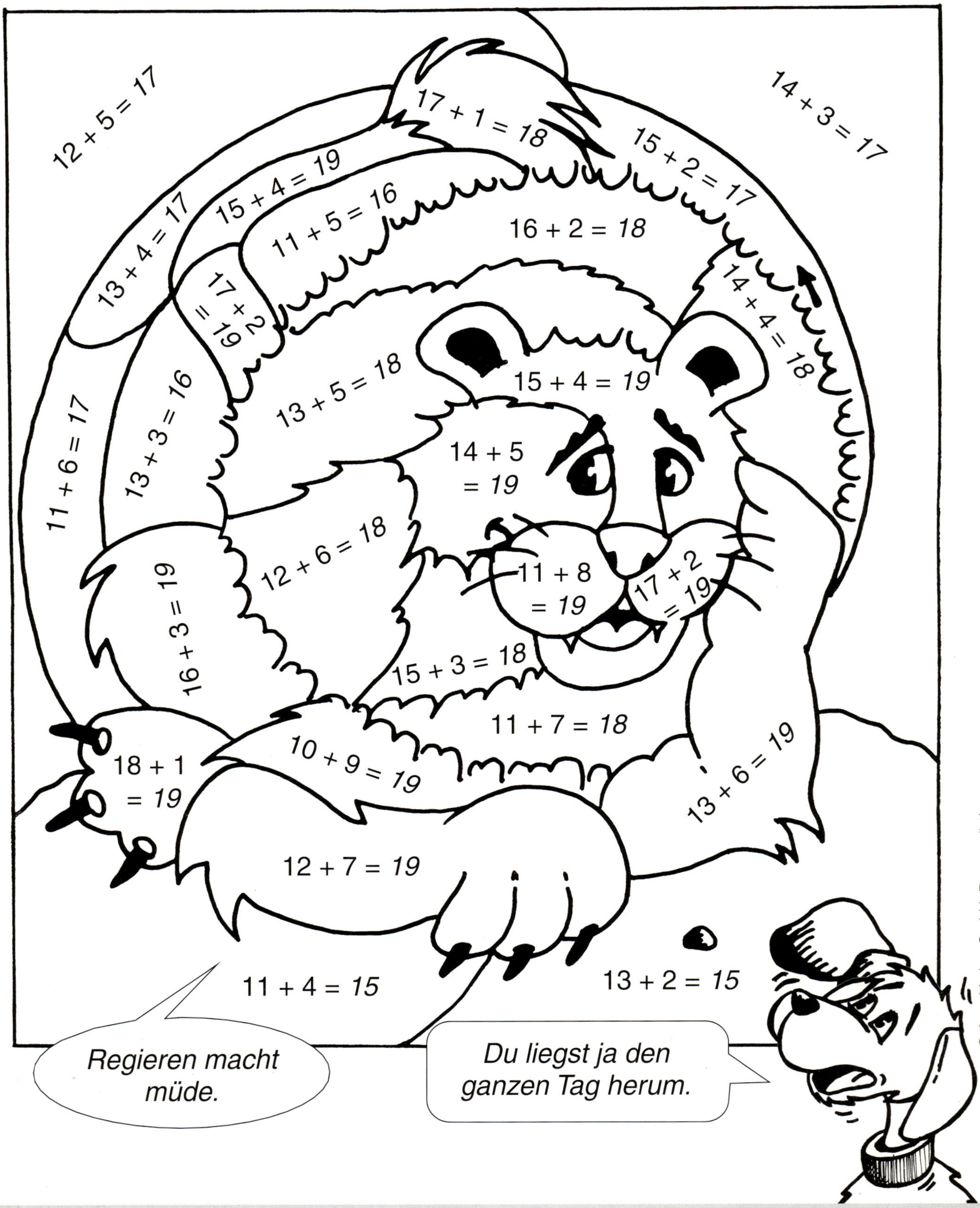

Rechne erst alle Aufgaben und suche dann die Farben! Beginne beim Pfeil!

Lösungszahlen und Farben:

grau: 15

gelb: 16

rot: 17

dunkelbraun: 18

hellbraun: 19

Minusaufgaben im Zahlenraum 10–20

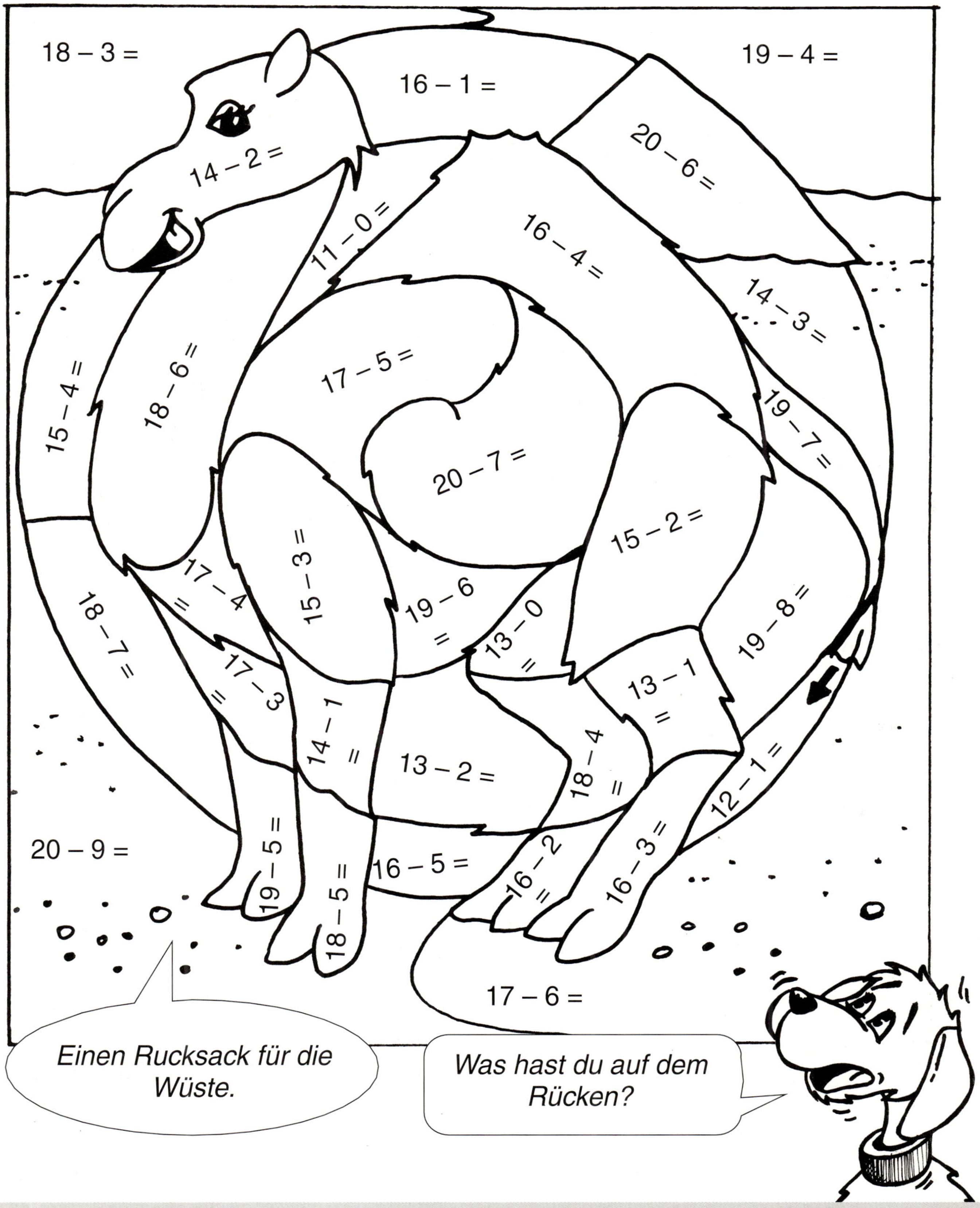

Rechne erst alle Aufgaben und suche dann die Farben! Beginne beim Pfeil!

Lösungszahlen und Farben:

gelb: 11

hellbraun: 12

dunkelbraun: 13

grau: 14

blau: 15

Minusaufgaben im Zahlenraum 10–20 (Lösung)

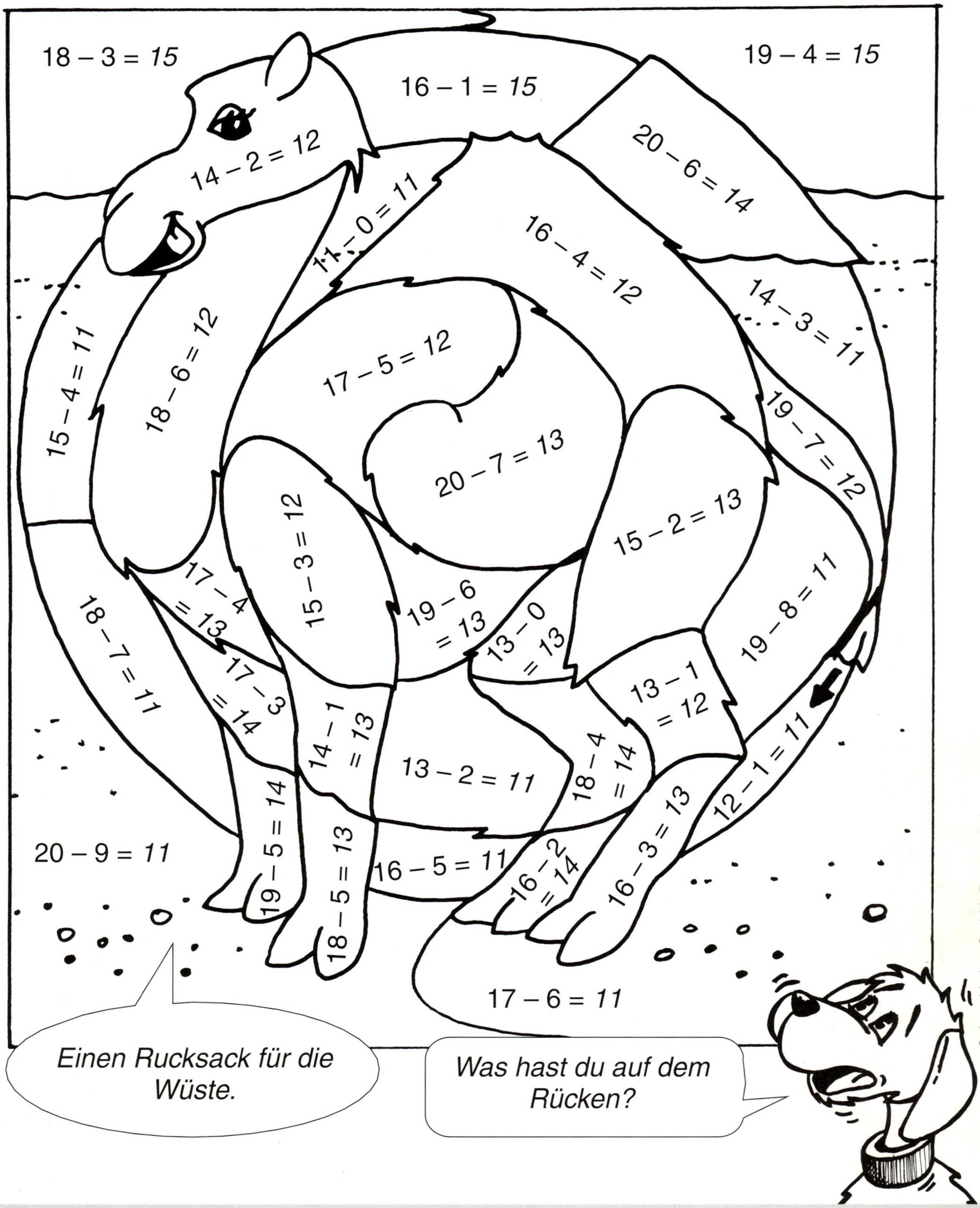

Rechne erst alle Aufgaben und suche dann die Farben! Beginne beim Pfeil!

Lösungszahlen und Farben:

gelb: 11

grau: 14

hellbraun: 12

blau: 15

dunkelbraun: 13

Plus- und Minusaufgaben im Zahlenraum 10–20

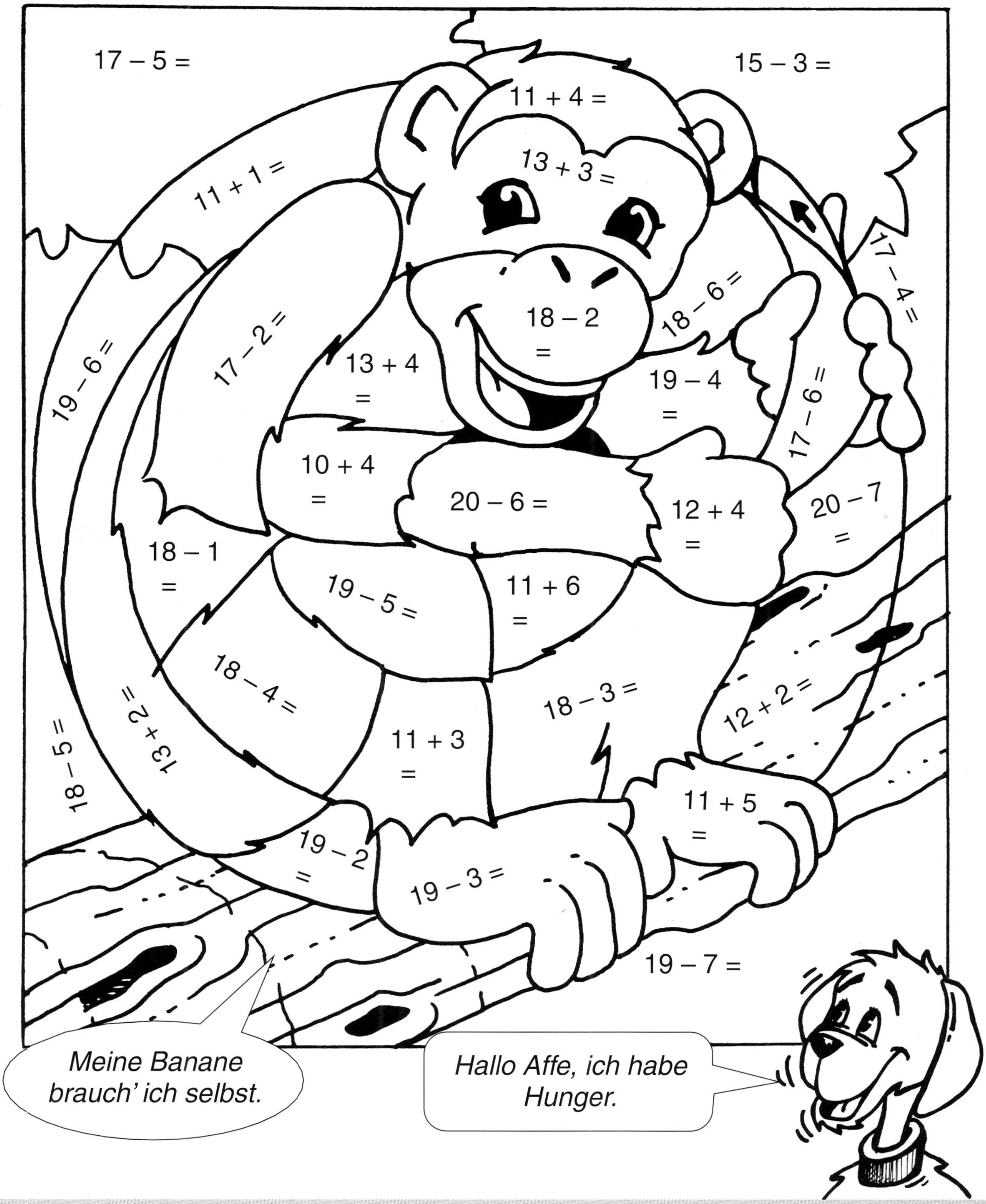

Rechne erst alle Aufgaben und suche dann die Farben! Beginne beim Pfeil!

Lösungszahlen und Farben:

gelb: 11	**dunkelbraun:** 15
dunkelgrün: 12	**orange:** 16
hellgrün: 13	**grau:** 17
hellbraun: 14	

Plus- und Minusaufgaben im Zahlenraum 10–20 (Lösung)

Rechne erst alle Aufgaben und suche dann die Farben! Beginne beim Pfeil!

Lösungszahlen und Farben:

gelb:
11
dunkelgrün:
12
hellgrün:
13
hellbraun:
14
dunkelbraun:
15
orange:
16
grau:
17

Plus- und Minusaufgaben mit Platzhalter im Zahlenraum 10–20

Rechne erst alle Aufgaben und suche dann die Farben! Beginne beim Pfeil!

Lösungszahlen und Farben:

weiß: 3

hellbraun: 4

schwarz: 5

dunkelbraun: 6

grün: 7

Plus- und Minusaufgaben mit Platzhalter im Zahlenraum 10–20 (Lösung)

Rechne erst alle Aufgaben und suche dann die Farben! Beginne beim Pfeil!

Lösungszahlen und Farben:

weiß: 3

dunkelbraun: 6

hellbraun: 4

grün: 7

schwarz: 5

Plus- <u>und</u> Minusaufgaben <u>und</u> Aufgaben mit Platzhalter im Zahlenraum 10–20

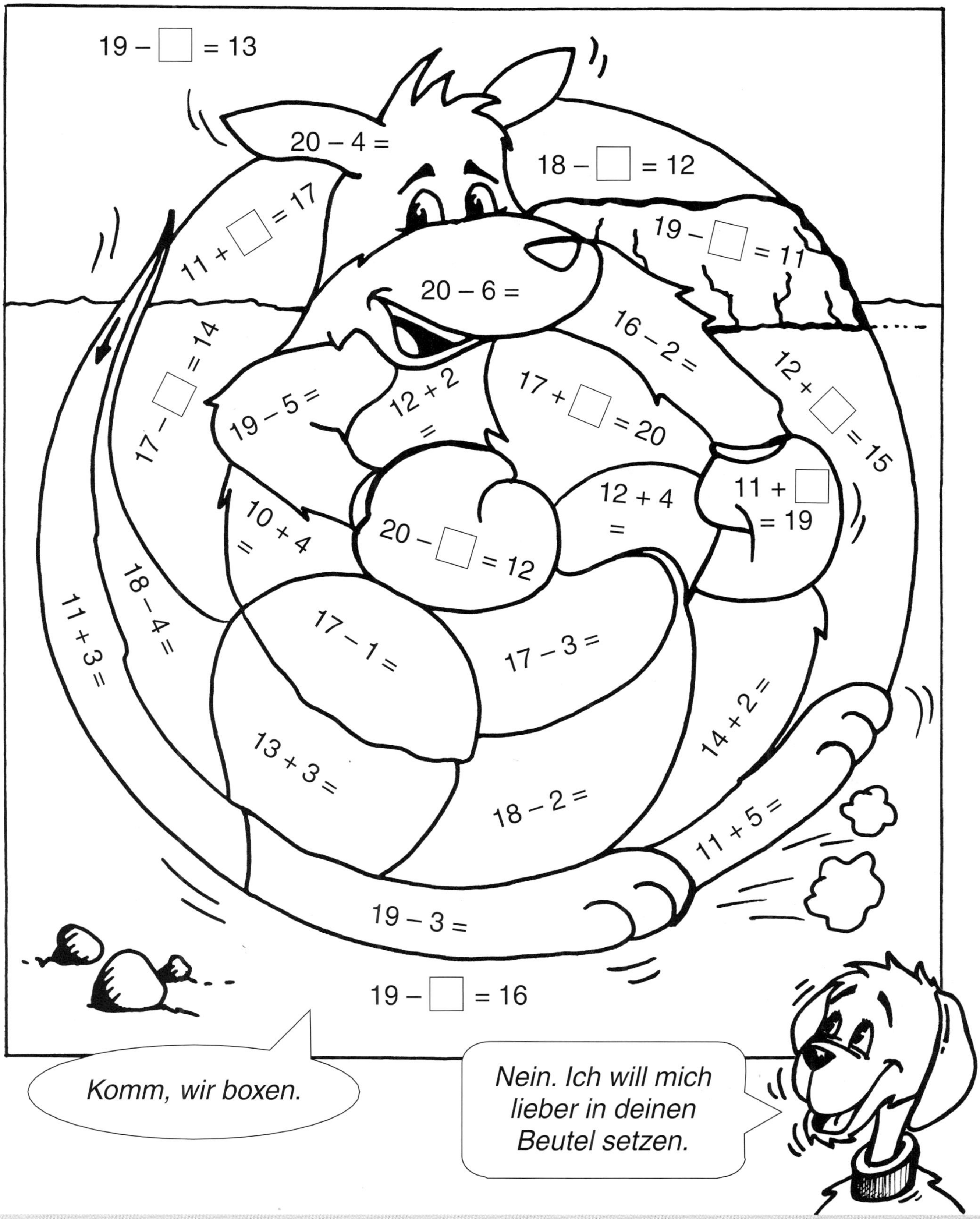

Rechne erst alle Aufgaben und suche dann die Farben! Beginne beim Pfeil!

Lösungszahlen und Farben:

lila: 3

blau: 6

rot: 8

hellbraun: 14

dunkelbraun: 16

Plus- und Minusaufgaben und Aufgaben mit Platzhalter im Zahlenraum 10–20 (Lösung)

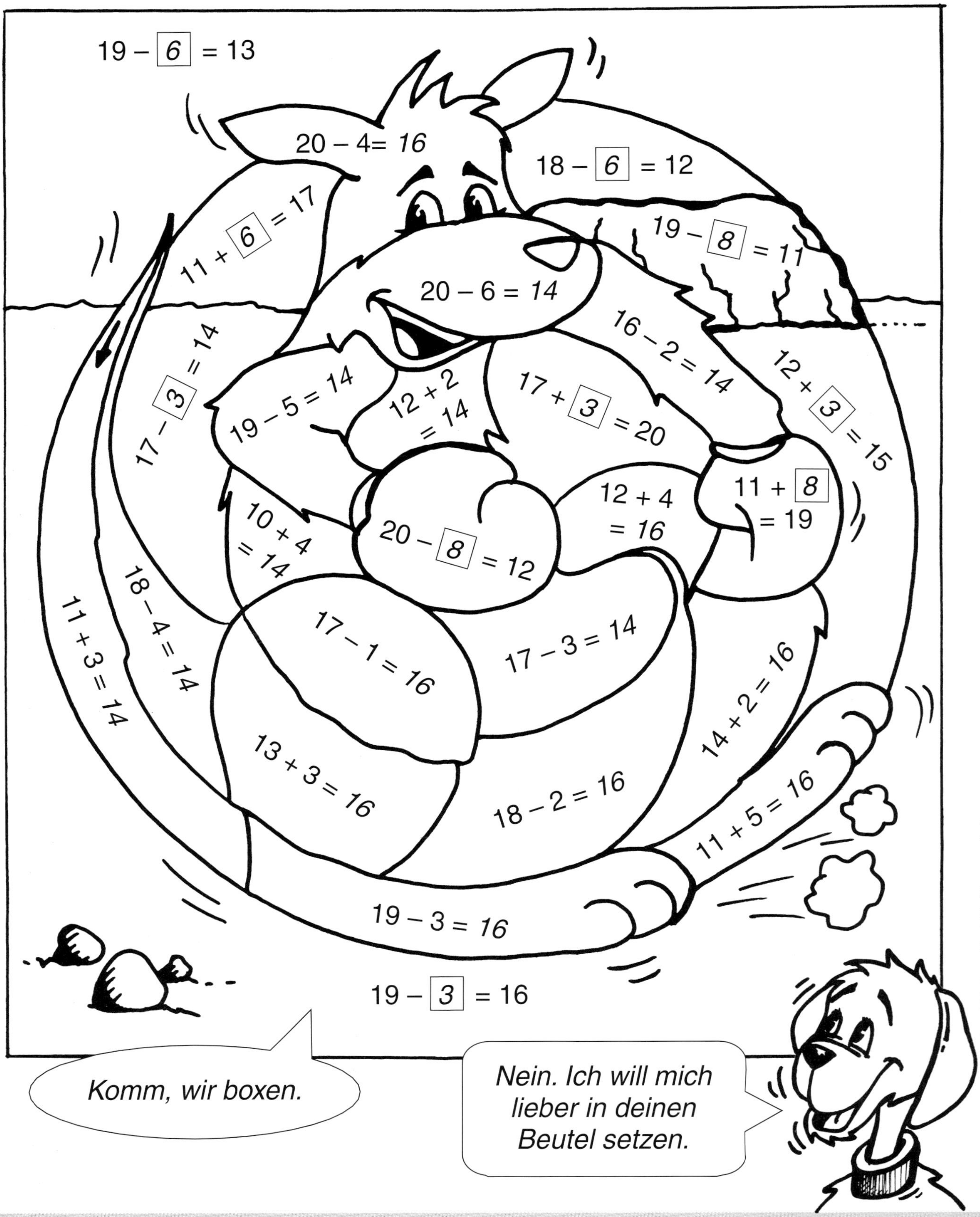

Rechne erst alle Aufgaben und suche dann die Farben! Beginne beim Pfeil!

Lösungszahlen und Farben:

lila: 3

blau: 6

rot: 8

hellbraun: 14

dunkelbraun: 16

Plusaufgaben im Zahlenraum 1–20

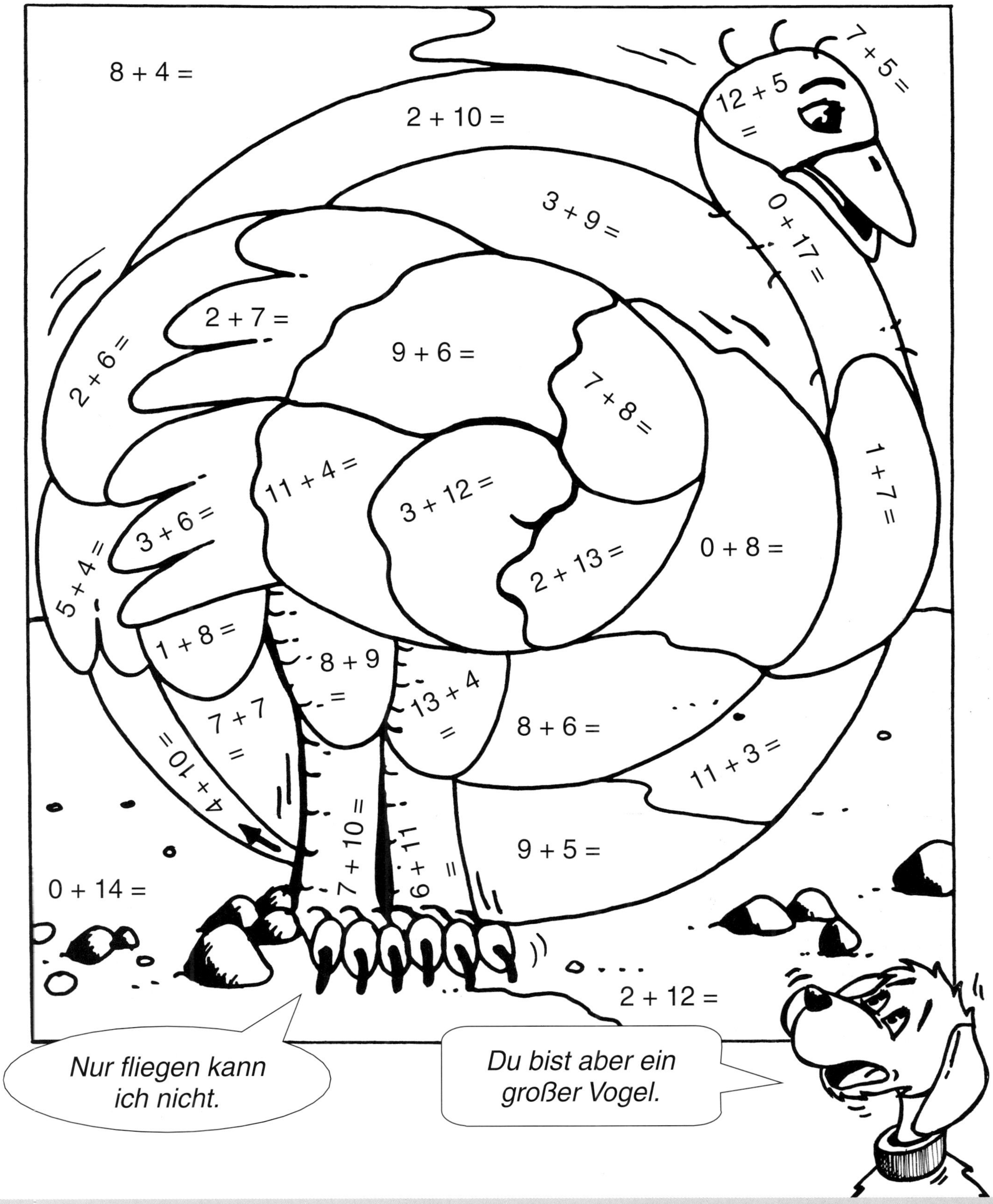

Rechne erst alle Aufgaben und suche dann die Farben! Beginne beim Pfeil!

Lösungszahlen und Farben:

grau:	**dunkelbraun:**
8	14
weiß:	**hellbraun:**
9	15
blau:	**orange:**
12	17

Plusaufgaben im Zahlenraum 1–20 (Lösung)

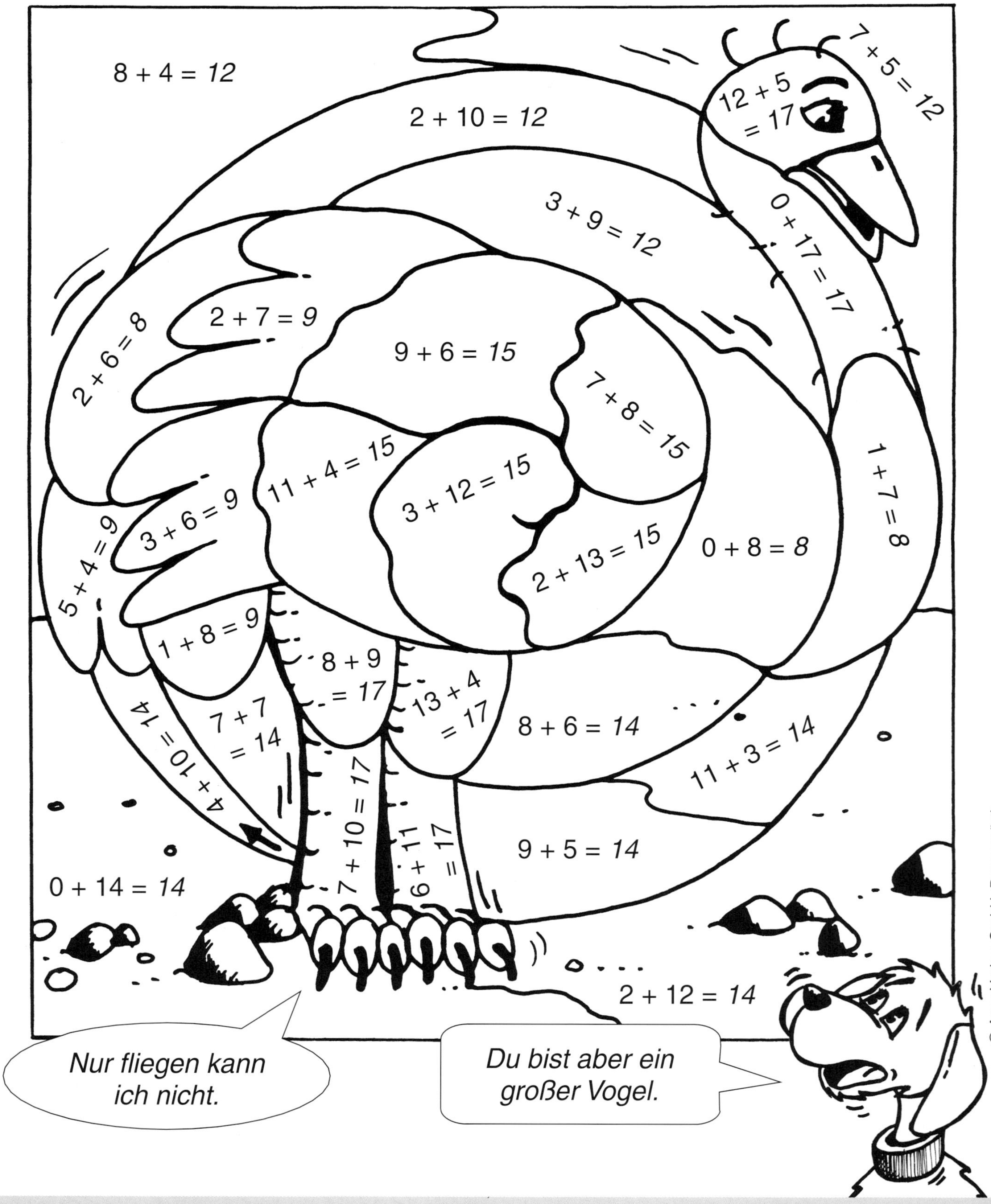

Rechne erst alle Aufgaben und suche dann die Farben! Beginne beim Pfeil!

Lösungszahlen und Farben:

grau: 8

weiß: 9

blau: 12

dunkelbraun: 14

hellbraun: 15

orange: 17

Minusaufgaben im Zahlenraum 1–20

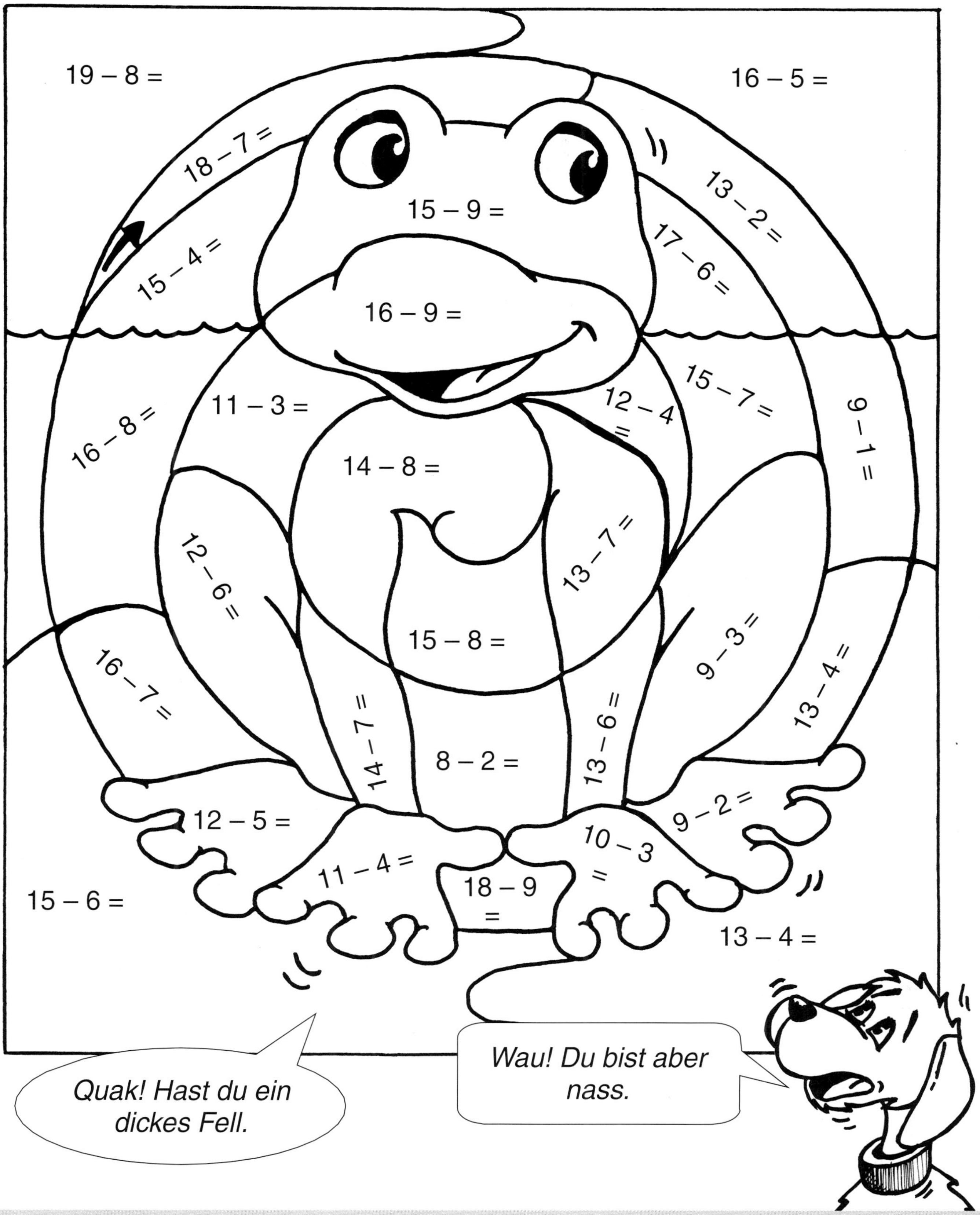

Rechne erst alle Aufgaben und suche dann die Farben! Beginne beim Pfeil!

Lösungszahlen und Farben:

dunkelgrün: 6

hellgrün: 7

dunkelblau: 8

braun: 9

hellblau: 11

Minusaufgaben im Zahlenraum 1–20 (Lösung)

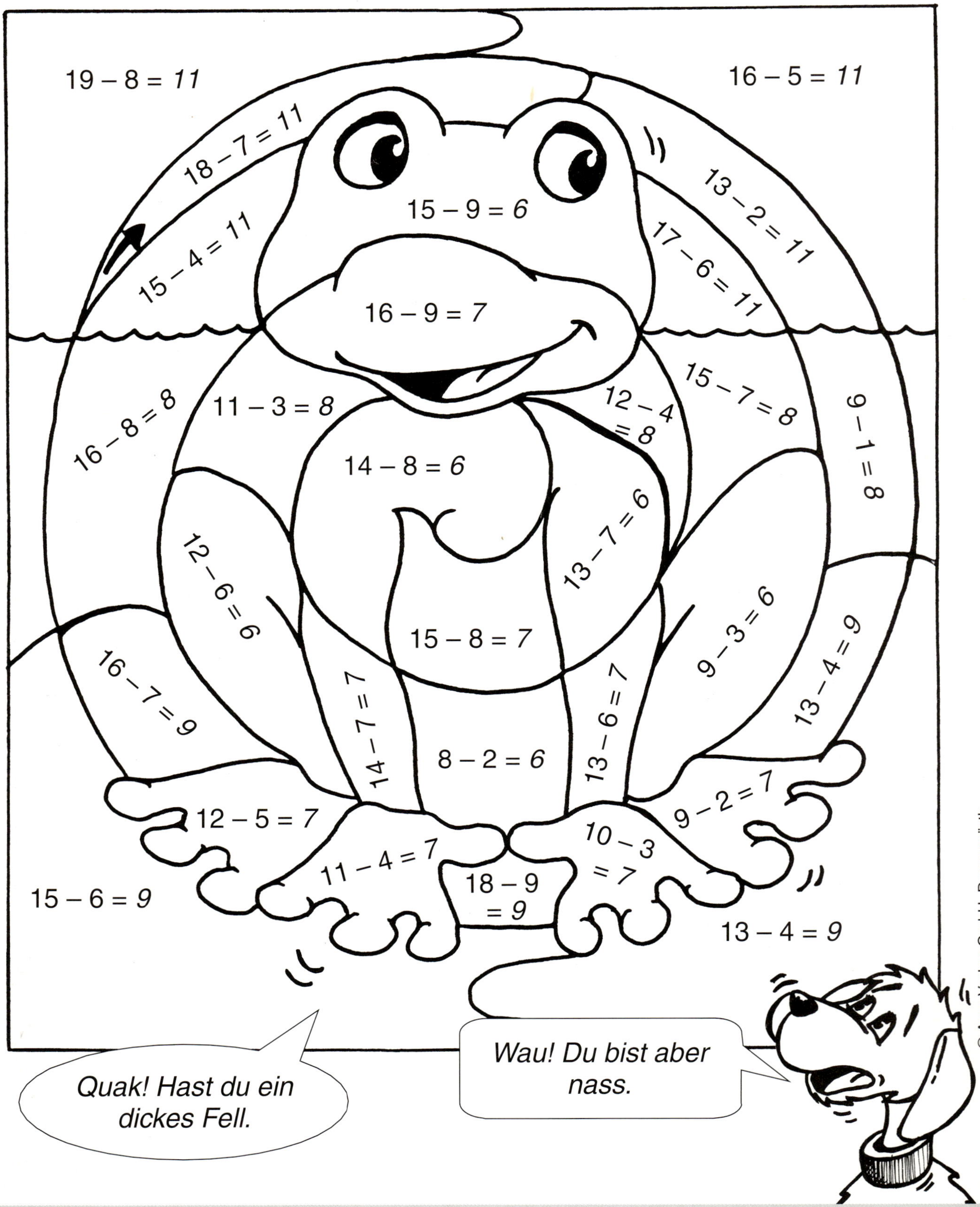

Rechne erst alle Aufgaben und suche dann die Farben! Beginne beim Pfeil!

Lösungszahlen und Farben:

dunkelgrün:
6

braun:
9

hellgrün:
7

hellblau:
11

dunkelblau:
8

Plusaufgaben mit ganzen Zehnern

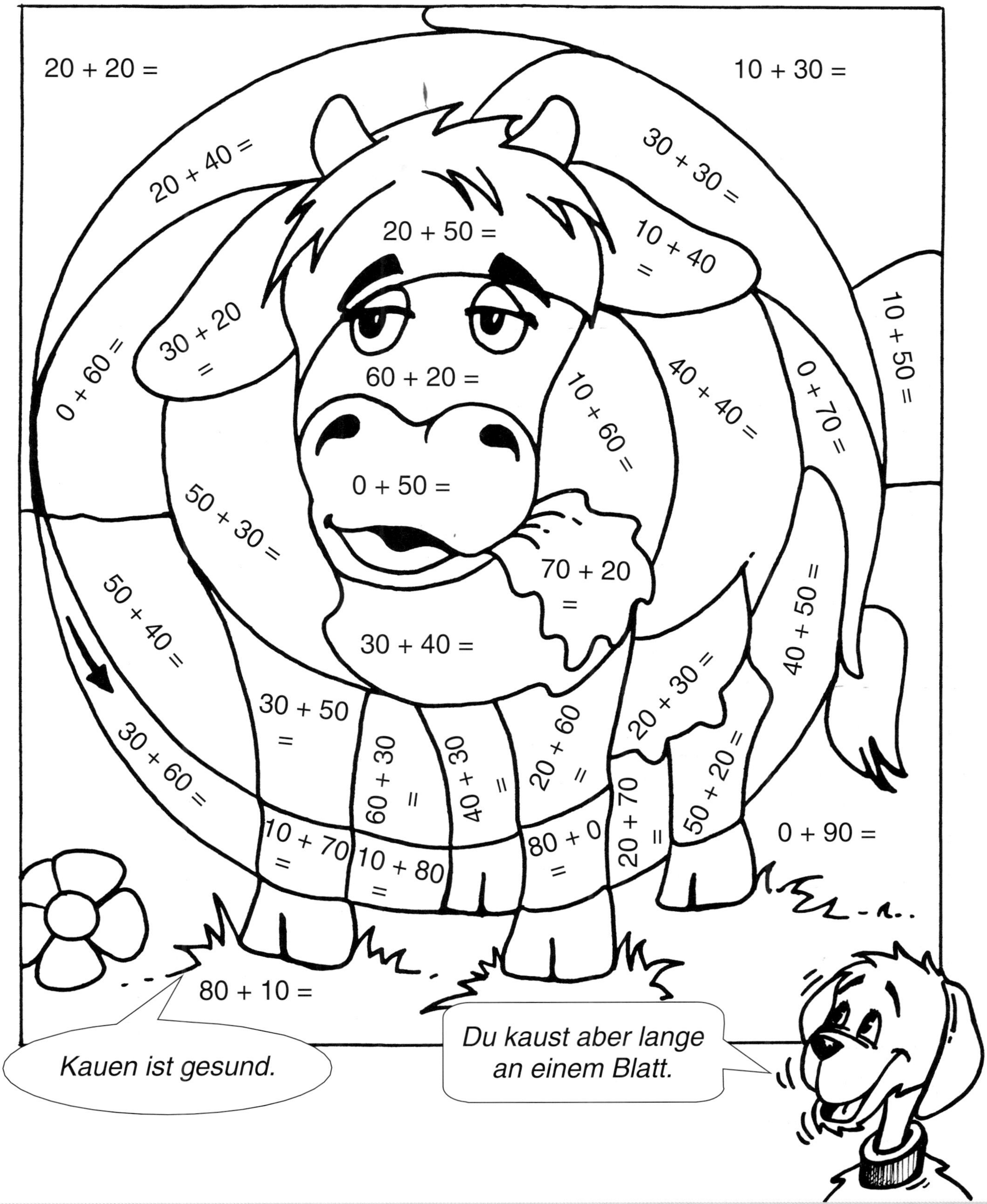

Rechne erst alle Aufgaben und suche dann die Farben! Beginne beim Pfeil!

Lösungszahlen und Farben:	**dunkelblau:** 40	**dunkelbraun:** 70
	orange: 50	**hellbraun:** 80
	hellblau: 60	**grün:** 90

Plusaufgaben mit ganzen Zehnern (Lösung)

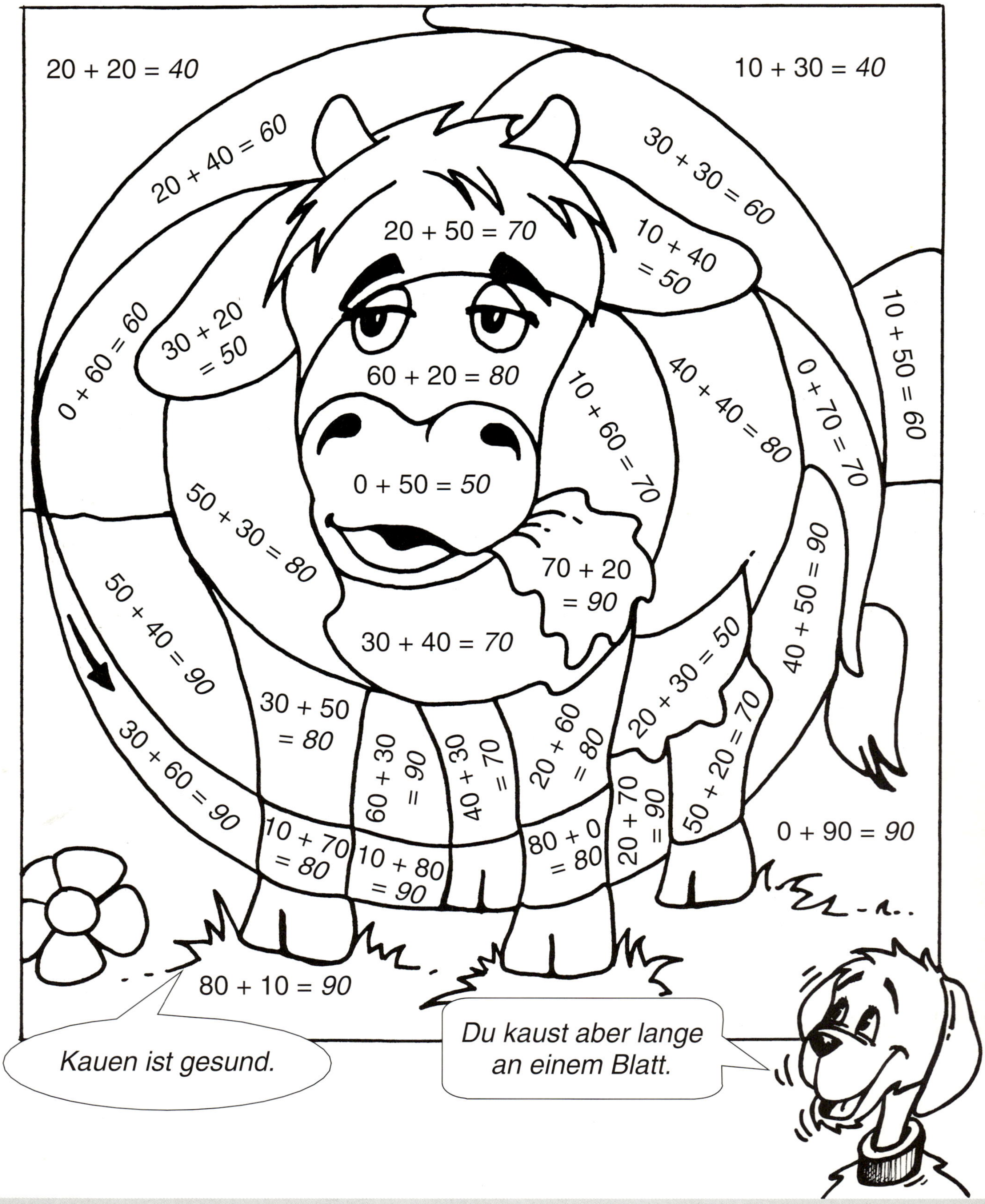

Rechne erst alle Aufgaben und suche dann die Farben! Beginne beim Pfeil!

Lösungszahlen und Farben:

dunkelblau: 40

orange: 50

hellblau: 60

dunkelbraun: 70

hellbraun: 80

grün: 90

Minusaufgaben mit ganzen Zehnern

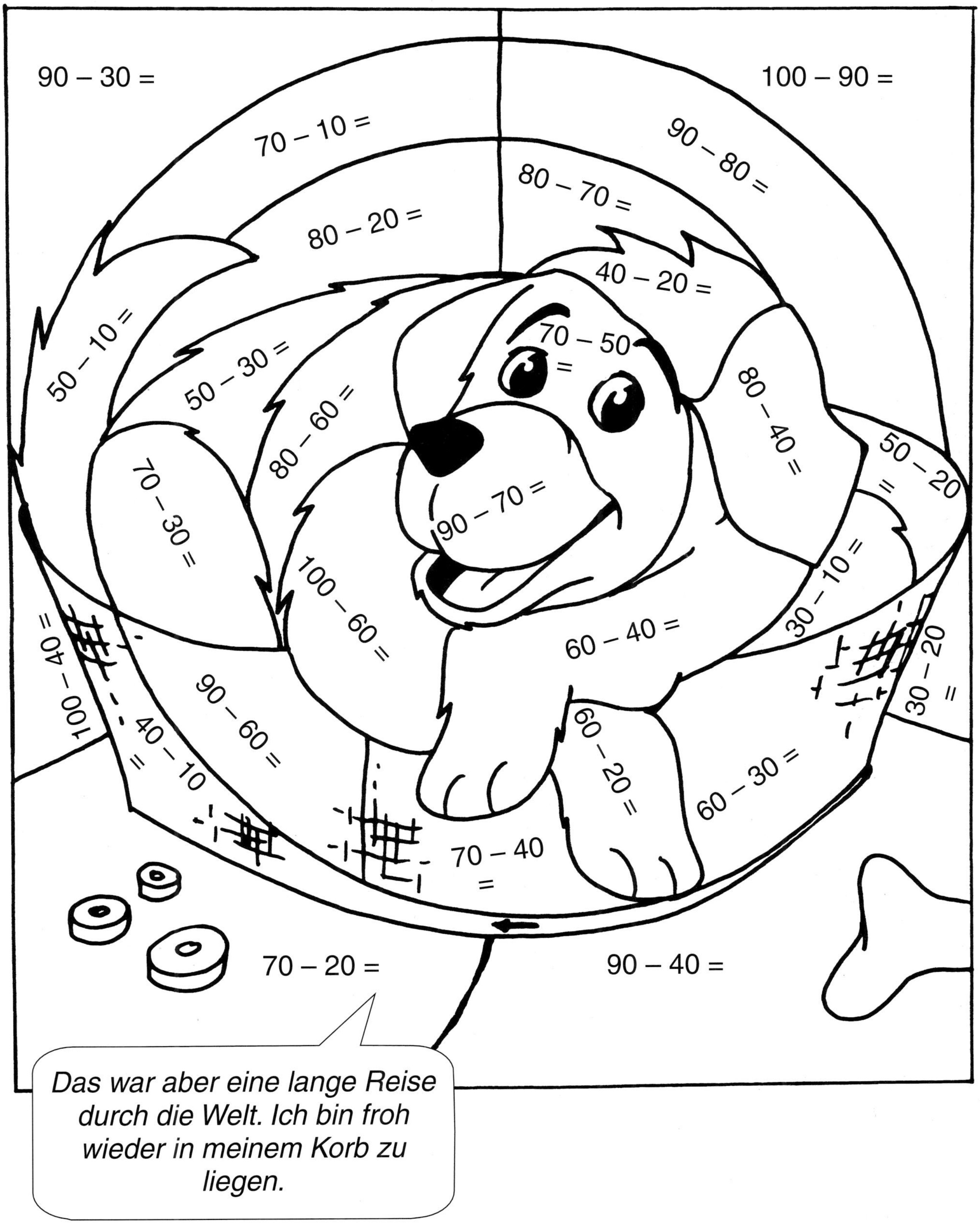

Rechne erst alle Aufgaben und suche dann die Farben! Beginne beim Pfeil!

Lösungszahlen und Farben:

orange: 10	**dunkelbraun:** 40
hellbraun: 20	**dunkelrot:** 50
blau: 30	**hellrot:** 60

Minusaufgaben mit ganzen Zehnern (Lösung)

Rechne erst alle Aufgaben und suche dann die Farben! Beginne beim Pfeil!

Lösungszahlen und Farben:

orange: 10

hellbraun: 20

blau: 30

dunkelbraun: 40

dunkelrot: 50

hellrot: 60

Inhalt

Praxiserprobt und topaktuell: Spiele von Auer!

Das Einmaleins mal anders ...

Norbert Seeger/Rita Seeger

Rechen-Mandalas

Übungsaufgaben zum kleinen Einmaleins – Mit Divisionsaufgaben Kopiervorlagen für das 2. Schuljahr

40 S., DIN A4, kart.
Best.-Nr. **3566**

Fördern Sie gleichzeitig die Konzentration, die feinmotorischen Fähigkeiten und nicht zuletzt die Rechenkompetenz Ihrer Schüler/-innen!
Wie funktioniert die Arbeit mit diesen Rechenmandalas? Bei jedem Mandala suchen die Kinder zuerst das Feld mit der ersten Aufgabe, rechnen sie aus und tragen die Lösungszahl ein. Anschließend malen sie das Feld dem Farbenschlüssel entsprechend aus. Auf diese Weise wandern die Kinder Feld für Feld vom Rand des Mandalas zur Mitte. Mit Hilfe der Lösungsblätter auf den Rückseiten der Aufgabenblätter kontrollieren sie sich selbst. Mit motivierenden Illustrationen!

Norbert Seeger/Rita Seeger

DINO Rechen-Mandalas

Aufgaben zur mündlichen Addition und Subtraktion im Zahlenraum bis 1000 – Eine Übungsfolge Kopiervorlagen für das 3. Schuljahr

40 S., DIN A4, kart.
Best.-Nr. **4009**

Mit den lustigen „DINO Rechen-Mandalas" den Spaß am Rechnen fördern! Viele motivierende Illustrationen schaffen hierfür mühelos den Impuls. Bei jedem Mandala suchen die Kinder zuerst das Feld mit der ersten Aufgabe und lösen sie. Dann malen sie die Felder nach dem angegebenen Farbenschlüssel aus, bis sie zur Mitte vorgedrungen sind. Ein Forscher stellt die einzelnen Dinosaurier jeweils kurz vor. Ein abwechslungsreiches Übungsangebot auch für die Freiarbeit oder Phasen der Entspannung! Mit Lösungsblättern.

Jörg Krampe/Rolf Mittelmann

Dakapo – Rechenspaß im Zirkus

15 Rechenübungsspiele zum 1×1

Spiele auf farbigem Karton
Best.-Nr. **3164**

Jörg Krampe/Rolf Mittelmann

Rechenspaß im Zirkus

17 Rechenübungsspiele zum Zehnerübergang

Spiele auf farbigem Karton
Best.-Nr. **2332**

Rechnen soll keinen Spaß bereiten? Diese beiden mathematischen Spielesammlungen beweisen das Gegenteil: Die farbig gestalteten Rechenspiele, die zum Thema Zirkus illustriert sind, fördern spielerisch die Motivation und erleichtern durch Selbstkontrollmöglichkeiten den Einsatz in der Freiarbeit, in Schul- und Förderunterricht sowie zu Hause. Die Spielesammlungen versprechen durch die abwechslungsreiche Gestaltung Spannung bei den Kindern! Kindgerecht sind die großen Teile der Puzzles und Dominos aus widerstandsfähigem Karton hergestellt.

Auer BESTELLCOUPON Auer

Ja, bitte senden Sie mir/uns

Norber Seeger/Rita Seeger

___ Expl. **Rechen-Mandalas** Best.-Nr. **3566**

___ Expl. **DINO Rechen-Mandalas** Best.-Nr. **4009**

Jörg Krampe/Rolf Mittelmann

___ Expl. **Dakapo – Rechenspaß im Zirkus** Best.-Nr. **3164**

___ Expl. **Rechenspaß im Zirkus** Best.-Nr. **2332**

mit Rechnung zu.

Bequem bestellen direkt beim Verlag:
Telefon: 01 80/5 34 36 17
Fax: 09 06/7 31 78
E-Mail: info@auer-verlag.de

Bitte kopieren und einsenden an:

Auer Versandbuchhandlung
Postfach 11 52
86601 Donauwörth

Meine Anschrift lautet:

Name/Vorname

Straße

PLZ/Ort

E-Mail

Datum/Unterschrift

Mathematik zeitgemäß unterrichten!

Paul Olbrich/Andrea Eisenreich

Bildungsstandards für die Grundschule Mathematik

4. Jahrgangsstufe

Komplett-Paket
mit Übungsheft und Lösungsheft
Best.-Nr. **4340**

Übungsheft (extra)
124 S., DIN A4, kart. Best.-Nr. **4338**

Lösungsheft (extra)
124 S., DIN A5, kart. Best.-Nr. **4339**

Perfekt ausgearbeitetes Übungsmaterial zur Leistungsüberprüfung!
Dieses Übungsheft ist die Antwort auf die jetzt eingeführten länderübergreifenden Bildungsstandards in der Grundschule! Es liefert Ihnen passgenaues Aufgabenmaterial, das mit dem dazugehörigen Lösungsheft ohne großen Aufwand kontrolliert werden kann. Mit diesem brandneuen Übungspaket können Sie exakt überprüfen, ob Ihre Schüler/-innen dem verbindlich vorgegebenen Leistungsniveau entsprechen.
Mit dem umfangreichen Übungsteil können Sie die Kinder gezielt für die weitere Schullaufbahn fit machen. Im Vordergrund stehen dabei schülernahe Aufgaben, die neben dem Üben und Wiederholen ebenso Einsicht und Strategiebildung fördern.
Dieses Material ist unerlässlich für alle Lehrkräfte, die den Bildungsstand ihrer Klasse den Eltern gegenüber konkret nachweisen wollen. Es wurde im Hinblick auf die **aktuellen Beschlüsse der Kultusministerkonferenz** entwickelt und hilft auch Eltern, die ihre Kinder schulisch unterstützen möchten.

Josef Schmid-Egger

Geometrische Figuren entwerfen und gestalten

80 S., DIN A4, kart. Best.-Nr. **3440**

Kreativität und Mathematik schließen sich nicht aus – im Gegenteil! Dieser Band bietet insgesamt 150 geometrische Figuren für die Klassen 1 bis 4 in der Grundschule. Die Kinder rekonstruieren die Figuren und gestalten sie anschließend aus. Dabei entstehen fast immer ganz verschiedene, in vielen Fällen wunderschöne Ergebnisse. Geschult werden genaues, konzentriertes Arbeiten ebenso wie künstlerische Fähigkeiten. So macht der Mathematikunterricht Spaß!

Stefan Eigel

Lernzirkel Mathematik

3.–7. Jahrgangsstufe
Mit Kopiervorlagen

134 S., DIN A4, kart. Best.-Nr. **3206**

Die praxiserprobten Lernzirkel können als Hinführung zu freiem, selbst bestimmtem und selbstständigem Arbeiten eingesetzt werden. Die einzelnen Stationen dienen als Orientierungshilfe, der Lernzirkel führt die Schüler/-innen „wie an einem roten Faden" durch das an Stationen aufbereitete Thema. In der Lernzirkelarbeit werden Schüler/-innen daran gewöhnt, sich anhand konkreter Aufgaben Ziele zu setzen und diese entschlossen zu verfolgen. Zentrale Themen des Mathematikunterrichts der Jahrgangsstufen 3 bis 7 werden abgedeckt.

Auer BESTELLCOUPON Auer

Ja, bitte senden Sie mir/uns

Paul Olbrich/Andrea Eisenreich
Bildungsstandards für die Grundschule Mathematik

___ Expl. **Komplett-Paket** Best.-Nr. **4340**
___ Expl. **Übungsheft** Best.-Nr. **4338**
___ Expl. **Lösungsheft** Best.-Nr. **4339**

___ Expl. Josef Schmid-Egger
Geometrische Figuren entwerfen und gestalten Best.-Nr. **3440**

___ Expl. Stefan Eigel
Lernzirkel Mathematik Best.-Nr. **3206**

mit Rechnung zu.

Bequem bestellen direkt bei uns!
Telefon: 01 80/5 34 36 17
Fax: 09 06/7 31 78
Internet: www.auer-verlag.de

Bitte kopieren und einsenden an:

Auer Versandbuchhandlung
Postfach 11 52
86601 Donauwörth

Meine Anschrift lautet:

Name/Vorname

Straße

PLZ/Ort

E-Mail

Datum/Unterschrift

Praxisorientiert und topaktuell: Materialien von Auer!